# Backpacking – Auf ins Abenteuer:
# Der ultimative Backpacking-Ratgeber für Einsteiger und Fortgeschrittene

von Robin Koß

**Copyright:** © 2019 Robin Koß

**1. Auflage**

**Email:** info@backpacking-auf-ins-abenteuer.de

**Website:** www.backpacking-auf-ins-abenteuer.de

**Verlag:** Selfpublishing, Robin Koß, Ahlbecker Str. 1, 01109 Dresden

**ISBN E-Book:** 978-3-9821015-1-4
**ISBN Print:** 978-3-9821015-0-7

Alle Rechte vorbehalten. Nachdruck, auch auszugsweise, verboten. Kein Teil dieses Werkes darf ohne schriftliche Genehmigung des Autors/ Verlags in irgendeiner Weise reproduziert, vervielfältigt oder verbreitet werden.

„Eines Tages wirst Du aufwachen und keine Zeit mehr haben für die Dinge, die Du immer wolltest. Tu sie jetzt."

**Paulo Coelho**

# Vorwort

Lieber Leser,

du stehst am Anfang deiner großen Reise. Ich gratuliere dir zu diesem Schritt! Aus persönlicher Erfahrung kann ich dir sagen: Er wird dein Leben positiv verändern.

Es benötigt Mut diesen Schritt ins Unbekannte zu wagen, doch das macht es zu einem unvergesslichen Abenteuer.

Ich weiß wie es ist, vor seiner ersten Reise zu stehen. Tausende Fragen tauchen auf. Was soll ich nur mitnehmen? Komme ich überhaupt in einem fremden Land zurecht? Ist das nicht gefährlich?

Du hältst hier keinen langweiligen Reiseführer für ein bestimmtes Land in den Händen – nein, dieses Buch ist wertvoller. Hier profitierst du von meiner Erfahrung und lernst die Reise in jegliche Länder dieser Erde vorzubereiten.

Nach der Lektüre sparst du ordentlich Geld bei deiner Planung und bist stets gut vorbereitet. Nicht nur die optimale Vorbereitung ist Teil des Buches. Wie du vor Ort zurechtkommst, sicher reist, Abzocken umgehst und die täglichen Backpacker-Herausforderungen meisterst ist ebenso inklusive. Am Ende bleiben keine Fragen offen. Zusätzlich beinhalten viele Kapitel spannende und lustige Erfahrungsgeschichten, die dir helfen das Gelernte zu festigen.

Ich will dich dazu inspirieren deine Ängste hinter dir zu lassen, wunderbare Erfahrungen zu machen und über dich selbst hinauszuwachsen. Am Ende bereuen wir doch am meisten die Dinge, die wir uns nie getraut haben. Deshalb auf in dein persönliches Abenteuer!

Lies gerne die nächsten Zeilen, um zu sehen, wie sich mein erstes Abenteuer auf mich ausgewirkt hat.

# Über den Autor

Wer schreibt dir diese Zeilen eigentlich?

**Der Autor Robin Koß in Jordanien.**

Ich habe mit 20 Jahren mein erstes großes Backpacker Abenteuer gewagt und nun über 30 Länder bereist, größtenteils allein, zu zweit oder in Kleingruppen.

Was für mich das Einzigartige ist? Die Freiheit und Spontanität zu erleben, fremde Kulturen und wundervolle Natur zu entdecken, viel Neues zu lernen, andere Perspektiven zu gewinnen und über den eigenen Tellerrand hinauszublicken. Jede Reise ist eine Reise zu dir Selbst.

Deswegen sagt man auch: „Materielles kann verloren gehen, Selbsterkenntnis bleibt". Eine Reise ist die beste Investition in dich.

In diesem Buch möchte ich dir Ratschläge und den letzten Anstoß geben, damit du diesen wundervollen Schritt ebenso wagst und mit Hilfe meiner Erfahrung grobe Fehler vermeidest.

Hier ein Einblick damit du nachvollziehen kannst, wie meine erste Reise mich verändert hat. Auf dass dein Leben ebenso bereichert werde!

*Meine erste Backpacking Reise:*

*Zwei Jungs brechen nach Südamerika auf. Von den Reiseberichten eines Freundes inspiriert, stürzen wir uns direkt nach dem Abitur bzw. Wehrdienst in unser erstes Abenteuer. Kurz zu mir: Ich war sportlich, allerdings auch sehr schüchtern und mir keinesfalls im Klaren was ich überhaupt erreichen kann. Die Konfrontation mit dem Ungewissen, einer komplett anderen Kultur, die Fülle an Erlebnissen und die Gewissheit, dass es für jedes auftretende Problem eine Lösung geben wird, verändern mich. Was aber eine noch viel stärkere Veränderung auslöst, ist die Konfrontation mit der Extreme, Dinge die ich zu Hause nie erleben würde. Eine Woche im Dschungel,* nur mein Kumpel, der Guide, der Koch und ich. Tagsüber bahnen wir uns mit Macheten den Weg frei und entdecken exotische Tiere. Jede Nacht bauen wir uns unsere eigene Unterkunft und spüren die Faszination des Dschungels. Am Ende konstruieren wir uns ein Floß und fahren auf dem Fluss zur Zivilisation zurück. Doch unser Gepäck ist schwerer, denn wir haben die Erfahrung und die Gewissheit: Egal was kommt, wir haben den Dschungel überlebt, dann wird das auch gehen.

Ein Franzose im Dschungel–Basiscamp erzählt uns von seiner Besteigung des 6088 Meter hohen Huayna Potosi und wir schauen uns nur an. Denn wir haben aus Respekt und mangelnder Bergerfahrung diesen Schritt nicht gewagt. Doch wollen wir uns das wirklich entgehen lassen? In unserer Naivität denken wir: Wenn der das schafft, schaffen wir das auch. Zurück in La Paz beschließen wir, dass wir an unsere Grenzen gehen wollen. In einer Drei-Tagestour mit Bergführer wollen wir von 4800 Metern den Gipfel erreichen und anschließend wieder absteigen.

Am ersten Tag absolvieren wir ein Training mit Eispickel und Steigeisen und erhalten einen ersten Einblick wie anstrengend und kalt es werden kann. In der ersten Nacht stehen wir kurz vor dem Abbruch, weil mein Freund durch die Höhe Atemprobleme bekommen hat. Wir konzentrieren uns auf das Atmen, meditieren und es wird besser. Wir können weiter. Der zweite Tag führt zum letzten Camp auf 5200 Metern. Der Gipfel lächelt uns schon zu.

*Am letzten Tag geht es dann mitten in der Nacht mit Ausrüstung bei -20 Grad auf gen Gipfel. Die Luft ist dünn, das Herz schlägt extrem schnell, wie nach einem 100 Meter Sprint. Allerdings bin ich erst fünf Schritte gegangen. Stehen zu bleiben, um Luft zu holen, ist auch keine Option, denn die Kälte breitet sich in Händen und Füßen aus. Es bleibt nur eins: Im langsamen, aber stetigen Tempo den Berg hinaufzugehen. Von außen betrachtet, muss es wirklich lächerlich aussehen. Wir drei in so einem langsamen Tempo, aber so schwer atmend. Es geht in der 3-er Seilschaft im Sprung über Gletscherspalten. Bald begrüßt uns der Sonnenaufgang und die ersten Sonnenstrahlen spenden uns Wärme. Der Gipfel ist aber noch nicht erreicht. Jetzt müssen wir uns beeilen, denn mit der Sonne steigt die Lawinengefahr. Der Gipfel scheint schon in Reichweite, doch eine 40 Meter hohe Wand mit 60 Grad Steigung trennt uns noch davon. Wir sind schon am Ende unserer Kräfte. Mit purer Willenskraft erklimme ich die letzten Meter zum Gipfel und habe eine wichtige Sache gelernt: Du kannst durch deinen Willen vielmehr erreichen als du denkst. Diese Lektion wird mich ein Leben begleiten. Und im Inneren weiß ich: Dieser Berg ist ein Synonym für jedes Problem. Wenn du dich Schritt für Schritt vorwärts kämpfst, wirst du jedes Problem lösen können. Aber mal ehrlich: Welches Problem wird schon so krass sein, wie diese reale Bergerfahrung? Du lernst, dass die Probleme die auf dich zukommen nur klein sind, im Vergleich zu deiner Referenzerfahrung. Das gibt dir die Gelassenheit und die Gewissheit: Du kannst alles schaffen, wenn du nur möchtest!*

*So wurde ich von einem schüchternen Jungen zu einem selbstbewussten jungen Mann, der wusste: Es gibt nicht nur einen*

*Weg! Im Leben gibt es viele Alternativen, manchmal braucht es nur Zeit und Abstand, um die anderen Wege zu sehen. Bei meiner Rückkehr nach Deutschland war nicht nur ich, sondern auch mein Umfeld positiv überrascht über meine Veränderung und so lernte ich: Jede Reise ist eine Reise zu dir selbst. Du lernst dein wahres Ich noch besser kennen. Also mach es mir nach oder übertreffe mich! Vor allem aber: Entdecke dich! – Auf ins Abenteuer!*

# Inhalt

**Was ist Backpacking?** ............................................................... 1

**Vor der Reise** ............................................................................ 3

   Inspiration für Reiseziele ........................................................ 4

   Reisezeit ................................................................................ 18

   Alleine oder in der Gruppe reisen? ....................................... 23

   Günstige Flüge finden ........................................................... 28

   Routenplanung ..................................................................... 50

   Wichtige Dokumente und Vorbereitungen ........................... 53

   Packliste ................................................................................ 68

**Auf der Reise** ........................................................................... 93

   Direkt nach der Landung ...................................................... 94

   Vor Ort unterwegs – Von A nach B ........................................ 95

   Reiseschocks ....................................................................... 105

   Jetlag überwinden .............................................................. 107

   Essen und Trinken .............................................................. 109

   Unterkunft finden ............................................................... 119

   Navigation .......................................................................... 132

   Ausrüstung ergänzen .......................................................... 136

Geld sparen durch Preisunterschiede ...................................................140

Telefon ..........................................................................................................144

Internet .......................................................................................................147

Feiertage ....................................................................................................148

Kommunikation ........................................................................................152

Sozialer Anschluss ...................................................................................154

Ausflüge .....................................................................................................162

Sicherheit ..................................................................................................166

Betrugsmaschen ......................................................................................181

Worst case – Notfallhilfe .......................................................................194

Mentale Einstellung ................................................................................199

Heimweh ...................................................................................................201

Off the beaten track ...............................................................................203

Mit wenig Geld auskommen ................................................................208

Ökologie ....................................................................................................211

Die letzten Tage ......................................................................................213

**Nach der Reise** ...........................................................................................216

Nachbereitung .........................................................................................217

Nutze die Chance ....................................................................................218

**Danksagung** ................................................................................................219

**Nützliche Links** ..........................................................................................220

## Was ist Backpacking?

Bevor wir mit den Details starten, klären wir erstmal diese Frage, damit du weißt auf was du dich einlässt. Jeder hat eine andere Definition von Backpacking und du wirst Deine finden. Für mich persönlich bedeutet Backpacking:

- Individuell nach eigenen Wünschen zu reisen;
- Freiheit und Unabhängigkeit zu spüren;
- Aus dem Alltag auszubrechen;
- Mit Spontanität und Flexibilität jeden Tag neu zu gestalten;
- Luxus gegen Erlebnisse zu tauschen;
- Fremde Kulturen kennenzulernen;
- Wunderschöne Orte zu besuchen;
- All sein Hab und Gut in einem Rucksack unterzubringen;
- Zu lernen mit wenig auszukommen;
- Interessante Menschen kennenzulernen;
- Mich auf Unbekanntes einzulassen;
- Kribbeln im Bauch beim Gedanken an die Erlebnisse;
- Mich lebendig fühlen und jeden Tag voller Energie aufzustehen weil ich mich auf den Tag freue;
- Unvergessliche Momente erleben;
- Neue Erkenntnisse über sich selbst und sein Weltbild zu gewinnen;
- Jeden einzelnen Tag zu genießen.

Wie du herauslesen kannst, hat Backpacking nichts mit einem Pauschal- All-Inclusive Urlaub zu tun. Backpacking ist nicht bequem. Du bist selbst komplett für deine Planung verantwortlich. Doch mit dieser Verantwortung kommt eine große Freiheit einher. Du kannst alles tun und lassen was du möchtest! Niemand anderes bestimmt deine Route, dein Essen, was du siehst, wo du schläfst, was du erlebst. Nein, das alles machst allein du. Du wirst auch nicht deinen kompletten Kleiderschrank dabeihaben, sondern lernen mit wenig auszukommen. Am Anfang wirst du dir Sorgen machen, wie das denn nur gehen soll, aber mit der Zeit wirst du dich fragen, wieso du denn zu Hause jemals so viele Dinge gebraucht hast. Du wirst dich leicht und frei fühlen. Du wirst lernen zu improvisieren. Und du wirst das Lied „leichtes Gepäck" von Silbermond mit ganz anderen Augen sehen.

Am Ende bedeutet Backpacking deine Komfortzone zu überwinden, dadurch über dich selbst hinauszuwachsen, unglaublich viel zu lernen und zu erleben. In das Unbekannte aufzubrechen ist vielmehr eine psychische Überwindung als eine körperliche. Ein Abenteuer das dich und dein Denken positiv verändert. Wenn du dafür bereit bist, ist Backpacking genau das Richtige für dich und dieses Buch wird dein bester Freund auf diesem Weg sein.

Wie solltest du vorgehen, um den maximalen Nutzen aus diesem Buch zu ziehen? Ich empfehle dir das Buch zuerst komplett zu lesen und anschließend die für dich relevanten Kapitel nochmals anzuschauen und umzusetzen. So kannst du dich auf dein Abenteuer optimal vorbereiten und jeden Tag genießen.

## Vor der Reise

Nicht nur vor deiner ersten Backpacking-Reise, sondern auch bei deinen nächsten Reisen wirst du dir immer wieder die Frage stellen: „Wo fange ich bloß an?"

In diesem Kapitel gebe ich dir die Tipps, wie du Inspiration für deine Planung findest und wie du anschließend deine Reise optimal planst. Ganz ohne Stress, dafür mit möglichst wenig Geld und vielen positiven Erlebnissen.

Vor der Reise

# Inspiration für Reiseziele

Wenn du zu diesem Buch gegriffen hast, wirst du wahrscheinlich schon ein oder mehrere Reiseziele im Kopf haben. Aber auch wenn du noch ohne Ziel und nur mit dem Entschluss eine Rucksackreise zu unternehmen dastehst, gibt es hier Inspiration für dich.

**Prinzipiell ist es möglich in alle Länder zu reisen.**

Du hast Bedenken, weil du die Landessprache nicht sprichst? Selbst ohne die Landessprache zu sprechen, kommst du mit etwas Englisch gut durch. Im Notfall wirst du dich auch mit Händen und Füßen verständigen können. In städtischen Gebieten wird zumindest ein Basis-Englisch verstanden, besonders von den jüngeren Generationen. Aber gewöhnlich spricht zumindest jeder der im Tourismus-Sektor arbeitet Englisch. Die Landessprache zu beherrschen ist natürlich ein Pluspunkt, aber kein Muss. Es wäre auch schwer machbar alle 6500 Sprachen dieser Erde zu lernen, nur um verreisen zu können. ☺

**Du hast Bedenken, weil du nicht weißt wie es vor Ort ist?**

Das Unbekannte macht das Reisen erst spannend. Aber hier eine kurze Einschätzung der Reiseziele. Westliche Länder, wie Europa, Kanada, Australien, Neuseeland und die USA, sind kulturell ähnlicher als andere Länder, wodurch du dich intuitiv leicht zurechtfinden wirst. Sie sind sicher, haben eine gute Infrastruktur, sind aber auch sehr kostenintensiv.

Länder in Asien und Lateinamerika halte ich auch für sicher und infrastrukturell gut ausgebaut. Sie sind außerdem sehr preiswert. Zudem erweiterst du deinen Horizont, weil du eine andere Kultur kennenlernst. Deswegen würde ich dir empfehlen deine erste Reise dorthin zu unternehmen.

Länder in Afrika und im Nahen Osten würde ich dir nicht für deine allererste Reise empfehlen, da hier schon starke Kultur, Sicherheits- und Infrastrukturunterschiede herrschen. Wenn du das unbedingt möchtest, kannst du es natürlich auch machen, aber mit etwas Backpacking-Erfahrung ist es leichter.

Als grobe Regel gilt: Je bekannter das Land, je sicherer und je besser die Infrastruktur, desto einfacher ist das Reisen und desto mehr Urlauber und tendenziell höhere Preise wirst du antreffen. Als erste Reise ist es für dich natürlich einfacher ein sicheres Land mit guter Infrastruktur zu bereisen.

Du willst einen konkreten Tipp für dein erstes Reiseziel? Ich würde dir empfehlen in ein etwas exotischeres Land zu reisen, weil du dort ganz neue Eindrücke gewinnst. Als erstes Reiseland würde ich dir deshalb Thailand, Indonesien, Mexiko, Guatemala, Peru, Ecuador, Argentinien oder Bolivien empfehlen. Aber falls du ein bestimmtes Land im Kopf hast und es nicht unter den genannten ist, fühle dich frei auch dorthin zu reisen. Mit den Tipps in diesem Buch wirst du überall sicher unterwegs sein können.

Falls du aber noch nicht weißt wo du hin möchtest oder einfach einmal nach Inspiration suchen solltest wenn das Fernweh dich

Vor der Reise

einholt, kann ich dir folgende Tipps geben, die dir helfen ein für dich passendes Reiseziel zu finden.

## Interessen

Generell ist es immer gut, dir grob zu überlegen was du erleben möchtest. So kristallisieren sich deine potentiellen Reiseländer heraus. Dabei könntest du z.B. nach schönen Stränden, Bergen zum Wandern, Dschungel- oder Wüstenregionen suchen. Durch diese Eingrenzungen fallen schon viele Länder aus dem Raster. Vielleicht hast du auch besonderes Interesse an einer bestimmten Kultur. Das grenzt die Auswahl weiter ein. Oder du wolltest schon immer ein Tier sehen, das es nur in wenigen Regionen dieser Erde gibt.

Meist ist es eine Kombination aus mehreren Interessen die deine Auswahl am Ende auf ein paar potentielle Länder eingrenzen. Ich suche beispielsweise nach warmen Regionen wo ich schnorcheln, wandern, historische Gebäude ansehen, exotische Märkte besuchen und an schönen Stränden entspannen kann. Das gibt mir eine grobe Richtlinie, welche Länder in Frage kommen könnten. Gerne schöpfe ich aber noch Inspiration aus den folgenden Kapiteln. Entscheide ich mich letztendlich für ein Land, passen die Interessen, das Budget und weitere Faktoren zusammen.

## Budget: Der Backpackerindex

Du suchst nach einem Reiseziel, aber hast nur ein geringes Budget? Oder du weißt wo es hingehen soll, aber hast keine Ahnung wie teuer es sein wird? Dann kann ich dir die Seite www.priceoftravel.com empfehlen. Hier wurde für viele Länder der Welt ein sogenannter Backpackerindex entwickelt. Er zeigt die durchschnittlichen Kosten für einen Tag im Backpacker-Leben an und setzt sich aus folgenden Komponenten zusammen:

- Eine Übernachtung im Schlafsaal eines günstigen Hostels;
- Drei einfache Mahlzeiten;
- Zwei Tickets für den öffentlichen Nahverkehr;
- Ein Ticket für eine kulturelle Sehenswürdigkeit;
- Drei günstige Biere „als Fun-Faktor".

Auf dieser Website gibt es eine Preisrangliste für über 138 Destinationen. So kannst du dir Inspiration für günstige Reiseländer holen und erhältst ebenso eine erste kurze Beschreibung, was dieses Land ausmacht. Damit weißt du schnell, ob ein Land für dich in Frage kommt oder nicht. Diese Website hat mir in meinen Zeiten als Student geholfen, als die finanziellen Mittel sehr begrenzt waren.

Du solltest natürlich berücksichtigen, dass der Flug noch extra hinzukommt. Langstreckenflüge sind tendenziell teurer als Kurzstreckenflüge. Dafür ist in vielen, weit entfernten Ländern der Lebensunterhalt deutlich günstiger (mit Ausnahme von Nordamerika, Australien und Neuseeland).

Langstreckenflüge machen meiner Meinung nach erst ab mindestens zwei Wochen Reisedauer Sinn. Du verlierst schließlich

Zeit im Flugzeug, musst dich akklimatisieren und den Jetlag überwinden.

Bringst du weniger Zeit mit, empfehle ich dir Kurz- oder Mittelstreckenflüge, wie z.B. nach Europa oder in den Mittelmeerraum. Zwar sind hier die täglichen Ausgaben höher als beispielsweise in Indonesien, aber der Flug ist um mehrere Hundert Euro günstiger.

Ab ca. zwei Wochen Reisedauer ist es meiner Erfahrung nach günstiger in ein weit entferntes Land mit niedrigem Backpackerindex zu reisen. Der Flug am Anfang kostet natürlich mehr, aber die täglichen Kosten sind deutlich geringer.

**Merke dir als grobe Richtlinie:** Für lange Reisen sind Länder mit niedrigem Backpackerindex, unabhängig von der Entfernung eine gute Wahl für dein Budget.

Für kürzere Reisen solltest du Länder in Kurz- oder Mittelstreckendistanz wählen, da du im Vergleich zu Langstreckenflügen mehrere Hundert Euro Flugkosten sparst.

**Tipp:** Möchtest du längere Zeit in einem Land mit hohen Lebenshaltungskosten reisen, überlege dir dort Work & Travel zu machen. Du erhältst meist einen guten Stundenlohn. Sparst du, kannst du mit dem erwirtschafteten Geld auch ein anderes, günstigeres Land bereisen. Bestes Beispiel dafür ist Work & Travel in Australien und anschließender Urlaub in Indonesien.

Vielleicht fragst du dich wie lange deine Reise am besten dauern sollte. Dazu gibt es keine pauschale Aussage und natürlich ist die Dauer auch von deinem Budget abhängig. Ich persönlich würde dir aber ein Minimum von zwei Wochen empfehlen, um in einem Land richtig anzukommen. Nach oben sind theoretisch keine Grenzen gesetzt (außer Visa). In der Realität wirst du aber während deiner Arbeits- oder Studienzeit maximal bis zu sechs Wochen Urlaub oder Semesterferien haben und verreisen können. Ich finde aber auch vier Wochen sind schon vollkommen ausreichend, um ein Land zu erleben und die Zeit zu genießen. Reist du länger, weißt du das Reisen vielleicht nicht mehr so zu schätzen wie zu Beginn. Reist du kürzer ist es mit Stress verbunden. Aber bei vier Wochen hast du eine gute Kombination aus Vorfreude, Aufmerksamkeit, Erlebnissen, Entspannung und Genuss. Letztendlich kommt es aber immer auf deine Situation und Geisteshaltung an. Eines steht auf jeden Fall fest: Egal ob zwei Wochen, mehrere Monate oder gar Jahre – die Reise ist es immer wert.

## Freunde und Bekannte

Suchst du Erlebnisberichte aus erster Hand, sind Freunde und Bekannte die richtige Wahl. Ihre Urlaubsberichte und Fotos können dich sehr inspirieren. Du hast bestimmt schon oft gehört wie sehr deine Freunde nach ihrer Rückkehr vom Urlaub schwärmen. Warum nutzt du nicht einfach diese Gelegenheit und fragst sie, was ihnen besonders gefallen hat? Kannst du dir das ebenso vorstellen und entspricht es deinen Interessen? Dann schreib es dir auf deine

Vor der Reise

Reisezielliste! Du hast sogar den wertvollen Vorteil, dass du die Informationen direkt von deinen Freunden einholen kannst! Dadurch sparst du dir Zeit bei der Reiseplanung und hast sofort die Highlights im Blick. Auch bei Fragen zur Reise können dir deine Freunde bestimmt weiterhelfen.

Wirst du zu einer Fotoshow mit Urlaubsbildern eingeladen, nimm die Einladung dankend an. Denn so erhältst du direkte Einblicke in dein potentielles Urlaubsland. Nur keine Scheu, die Gastgeber werden sich gerne an den Urlaub zurückerinnern und ihn vor ihrem geistigen Auge Revue passieren lassen. Letztendlich bringt es allen Beteiligten Spaß über das Reiseland zu reden!

## Vorträge

Spannende Geschichten über das Reisen kannst du aus erster Hand von Travelern hören, die im Zuge von Vorträgen oder Lesungen quer durch Deutschland unterwegs sind. Meist sind das etwas speziellere Touren, wie z.B. „Mit dem Rad um die Welt" oder dergleichen. Aber diese Vorträge inspirieren doch ungemein. So kannst du auch direkt mit den Reisenden ins Gespräch kommen und gezielt Fragen stellen. Schaue doch einfach wann in deiner Stadt so ein Vortrag stattfindet.

Eine interessante Vortragsreihe ist auch der „Travelslam". Hier stellen Traveler im Zuge von 15-minütigen Präsentationen eine ausgewählte Urlaubsregion vor. Dies geschieht in unterhaltsamer Manier und ermöglicht dir schnell Einblicke in verschiedene Länder zu erhalten. Um einen Eindruck zu erhalten, kannst du dir gerne

*Inspiration für Reiseziele*

einen meiner Vorträge über Jordanien und Israel auf Youtube anschauen. Suche danach einfach nach meinem Kanal: Backpacking-auf-ins-Abenteuer. Vielleicht hast du danach ja schon Inspiration für ein neues Reiseland gefunden.

## Messen

In deiner Nähe gibt es mit Sicherheit eine Reisemesse. Vielleicht heißt sie nicht direkt so, sondern „Freizeitmesse", doch es gibt sie. Hauptsache der Fokus liegt auf Regionen, die für dich als Urlaubsland in Frage kommen. Das ist der perfekte Ort für dich, um Inspiration zu erhalten. Dort werden nicht nur Reisevorträge gehalten, nein es sind auch viele Reiseagenturen vor Ort. Und diese Reiseagenturen sind deine Goldgrube für Inspiration. Es liegen Kataloge oder Hefte mit ausgearbeiteten Touren an den Ständen aus. Natürlich werden nicht alle Punkte auf diesen Touren direkt zu dir passen, manche können dir eher langweilig und überteuert erscheinen. Aber hey, der Vorteil ist: Du planst deine Reise individuell und musst dich nicht an eine vorgegebene Reiseroute halten. Also picke dir die Rosinen raus! Das sind die Orte, die dich interessieren! Dann nutze diese Punkte und die Informationen, um Sehenswürdigkeiten zu deiner Reiseliste hinzuzufügen! Einfacher geht es kaum. Solltest du Fragen haben, wird dein Gegenüber wahrscheinlich sogar in dem Land gewesen sein und dir gerne über seine Erfahrungen berichten. Wenn nicht, ist das auch ok. Du hast allein durch das Reisemagazin kostenlose Infos zu Sehenswürdigkeiten erhalten.

Vor der Reise

Viele Messen haben auch ein Partnerland. Das bedeutet, dass jemand von diesem Land beauftragt wurde für den Tourismus vor Ort zu werben. Hier kannst du ohne schlechtes Gewissen Fragen stellen und erhältst oft richtige Insidertipps! Trau dich einfach! Die Person vor Ort wird bezahlt, um dir Informationen für dein mögliches Reiseland zu geben! Genial oder?

## Filme

Warst du schon einmal von der Landschaft in einem Film richtig fasziniert? Oder hast du eine faszinierende Dokumentation gesehen? All das kannst auch du live erleben! Nimm es als Inspiration für deine nächste Reise. Dokumentationen geben dir einen guten ersten Einblick in dein denkbares Reiseziel und du erfährst zugleich etwas über die Geschichte des Landes. Gibt es eine Behauptung in der Dokumentation die du für unglaublich hältst? Probiere es aus.

Inspiration für Abenteuer geben ebenso die jährlich neuen Filme der European Outdoor Film Tour. Diese sind schon sehr extrem, aber durchaus inspirierend.

*Mein Erfahrungsbericht:*

*Ich persönlich habe mich schon mehrmals von Filmen und Dokumentationen inspirieren lassen. Eine Dokumentation handelte von Maya- und Aztekentempeln in Zentralamerika. Nicht nur die Dschungellandschaft ringsherum war wild und beeindruckend, auch die Bauten waren enorm groß und doch von einer faszinierenden Symmetrie geprägt. In der Dokumentation wurde behauptet die Tempelanlagen wären so konstruiert, dass ein Händeklatschen unten am Fuß der Treppe, ein Echo in Form eines Vogelschreis aus dem Tempelraum am oberen Ende der Treppe erzeugt. Das war für mich unglaublich. Dieses komplette Szenario hat mich so in den Bann gezogen, dass ich selbst in den Urwald zu den Ruinen von Tikal in Guatemala reiste. Den Sonnenaufgang auf dem Tempel über dem Dschungel mitzuerleben, war beeindruckend. Nicht nur das Lichtspiel am Horizont, sondern auch die Tiergeräusche im Regenwald. Es war als ob das ganze Tierreich nach und nach erwachte und dabei kräftig Lärm machte. Auch die zu dieser Uhrzeit fast menschenleeren Ruinen waren außerordentlich faszinierend. Als ich in den Ruinen herumkletterte fühlte ich mich sofort wie einer der großen Entdecker. Später probierte ich noch das Vogelschrei Experiment aus und stellte mich dazu an die Treppenstufen des zentralen Tempels. Ich klatschte in die Hände und der Widerhall aus dem Tempelraum klang tatsächlich wie ein Vogelschrei. Das war so faszinierend, dass ich es bestimmt 30-mal probierte. Muss im Nachhinein echt lustig ausgehen haben, wie da jemand an der Treppe steht in die Hände klatscht und sich jedes Mal wie ein kleines Kind freut. ☺*

*Ebenso wurde ich von der wunderschönen, in den Felsen geschlagenen Stadt in „Indiana Jones und der letzte Kreuzzug" in den Bann gezogen. Nach einer kurzen Recherche stellte sich heraus, dass es sich um Petra in Jordanien handelt. Die Stadt war wirklich atemberaubend. Viele Jahrtausende alte, zum Teil extrem detaillierte, in Stein gehauene Behausungen erwarteten mich. Dabei*

Vor der Reise

*war das gesamte Gelände nur durch einen sehr schmalen Felsenweg erreichbar. Das alles lässt das Entdeckerherz höherschlagen. Lass auch du dich inspirieren.*

Suche nun nach einem oder mehreren geeigneten Reisezielen. Hast du diese gefunden, lies weiter. Keine Angst, du musst dich noch nicht auf ein Land festlegen. ☺

## Aktuelle Reiseinformationen checken

Hast du ein paar Länder in der engeren Auswahl, solltest du die aktuelle Situation checken um keine bösen Überraschungen zu erleben. Schließlich willst du nicht aus Versehen in ein Bürgerkriegsland reisen oder? Um sich Länderspezifische Informationen anzueignen ist das Auswärtige Amt eine gute erste Anlaufstelle. Du findest die Online Präsenz unter: www.auswaertiges-amt.de.

Hier findest du aktuelle Sicherheits- und Reiseinformationen. Aber auch Informationen zu benötigten Visa. So erlebst du keine böse Überraschung bei der Einreise, wenn beispielsweise im Vorfeld ein Visum hätte beantragt werden müssen. Es wäre doch sehr ärgerlich, wenn dir so eine Formalität schon am Flughafen deine Reise zunichtemacht. Informiere dich deshalb frühzeitig. Eine Visum-Bearbeitung kann auch schon mal mehrere Wochen dauern.

Für genauere Informationen zur Visabeantragung kannst du gerne mal in folgendem Reiseblog vorbeischauen:

www.triffdiewelt.de/anleitung-visum-beantragen.

Viele Länder geben dir ein Visum bei deiner Ankunft. Für einige Länder sind die Visabestimmungen aber etwas komplizierter. Manchmal benötigst du eine Einladung von einem Einheimischen (China) oder musst dich vorher an die entsprechende Botschaft wenden. In seltenen Fällen ist ein persönliches Vorsprechen nötig. Andere Länder verwehren ein Visum, wenn du bereits in einem bestimmten Land warst. Das gilt auch bei Zwischenstopps. Beispielsweise bekommst du Probleme, wenn du den Iran besucht hast und eine Zwischenlandung in den USA planst. Die genauen Details findest du auf der Webseite des Auswärtigen Amtes unter dem Reiter „Sicher Reisen". Wähle dann das jeweilige Reiseland.

Ist das Verfahren etwas komplizierter, kannst du dich auch an Agenturen wenden, die sich auf die Visa-Beantragung spezialisiert haben.

Auf der Seite des Auswärtigen Amtes findest du auch Informationen über die aktuelle Gefahrenlage. Diese solltest du beachten. Du möchtest auf keinen Fall in ein Kriegsgebiet oder direkt in eine aktuelle Naturkatastrophenregion wie z.B. einen stark aktiven Vulkan fliegen. Solltest du trotzdem abwägen es zu tun, informiere dich bitte bei Leuten die gerade vor Ort sind.

Hier kann ich dir auch Facebook-Gruppen für das jeweilige Urlaubsland empfehlen. Auf den Seiten schreiben Reisende, die gerade vor Ort sind, um sich zu verabreden oder Informationen auszutauschen. So gelangst du direkt an Informationen aus erster

Vor der Reise

Hand über die aktuelle Lage in deiner Zielregion. Solch eine Seite heißt beispielsweise Backpackers – Indonesia.

*Exkurs Indonesien:*

*Eine Freundin und ich hatten kurzfristig die Reise nach Indonesien gebucht. Wir waren auch schon fast fertig mit der Reiseplanung als uns der Schock traf. Genau die Regionen am Ende unserer Route waren kurz vor unserem Aufbruch von einem heftigen Erdbeben betroffen (Gili Islands und Lombok). Das führte dazu, dass wir die Reiseroute nochmal ändern mussten. Weil die Gili Inseln aber eines meiner Wunschziele waren, bin ich einer örtlichen Facebook-Gruppe beigetreten. In der Gruppe kommunizierten viele Backpacker die gerade in Indonesien unterwegs waren miteinander. So blieb ich immer auf dem Neusten Stand was die aktuelle Lage vor Ort auf den Gili Inseln anging. Am Ende der Reise hatte ich noch über zwei Wochen für mich alleine. Nachdem die Leute in der Facebook-Gruppe meinten es wäre nun sicher dorthin zu fahren, traute ich mich und besuchte eine der Inseln. Zuerst war ich überrascht, dass ich vom Meer aus keinen Schaden beobachten konnte. Erst als ich an Land ging und durch die Straßen lief, sah ich die Auswirkungen des Erdbebens. Einige Gebäude waren eingestürzt und teilweise wirkte es wie in einem apokalyptischen Film, weil andere Gebäude und Hotels komplett verlassen waren. Doch ich dachte mir: Jene Gebäude die jetzt noch stehen und keine Risse haben, sind auch erdbebensicher gebaut. Letztendlich war es die perfekte Reisezeit für diese Insel, da sie seit Jahren noch nie so wenig besucht war und ich mit meinem Geld die lokale Wirtschaft und den Wiederaufbau unterstützen konnte. Viele Leute ließen sich einfach von den Medien abschrecken, ohne die Leute vor Ort gefragt zu haben. Dabei war es dort so einzigartig: Sonnenuntergänge an menschenleeren Stränden und so dankbare Einheimische wie an kaum einem anderen Ort.*

Vor der Reise

## Reisezeit

Was ist die beste Reisezeit? Diese ist leicht über das Internet oder den Reiseführer herauszufinden. Gehe dazu einfach auf www.beste-reisezeit.org. Aber solltest du der empfohlenen Reisezeit Beachtung schenken? Glaube mir das hat seine Vor- und Nachteile!

Reist du zu der empfohlenen Jahreszeit, hast du mit großer Wahrscheinlichkeit das beste Wetter während deiner Reise. Die Temperaturen sind angenehm, nicht zu warm und nicht zu kalt. Wahrscheinlich wird es kaum regnen und die Winde werden nicht zu stark sein. Das ist natürlich ein enormer Vorteil, denn du kannst deine Reisezeit optimal nutzen. Milde Temperaturen ermöglichen es dir auch Gepäck zu sparen, da du jeden Tag ähnliche Kleidung anziehen kannst und beispielsweise keine voluminösen Winterklamotten einpacken brauchst.

Allerdings hat eine Reise zur empfohlenen Reisezeit ebenso deutliche Nachteile. Es herrscht Hochsaison. Das bedeutet es wird deutlich voller sein, als zu einer anderen Zeit im Jahr. Dies kann an beliebten touristischen Orten zur Geduldsprobe werden, wenn sich lange Warteschlangen bilden. Fotos ohne Menschen zu schießen wird ebenfalls deutlich schwieriger. Solche Fotos sind nur möglich, wenn eine Sehenswürdigkeit ganz früh oder ganz spät besucht wird. Ein weiterer Nachteil ist, dass Unterkünfte häufig stark ausgelastet sind. Das macht es nicht nur schwerer spontan eine Unterkunft zu finden, sondern führt auch dazu, dass die Preise anziehen.

Letztendlich kannst du während der Hochsaison mit einem angenehmen Wetter rechnen, musst aber die Nachteile von möglicher Überfüllung und höheren Preisen in Kauf nehmen.

Was ist nun mit einer Reise in der Nebensaison? Reist du in der Nebensaison, kannst du viel schneller und spontaner Unterkünfte finden. Auch die Preise werden niedriger sein. Beispielsweise werden die Händler auf dem Markt froh sein überhaupt ein Geschäft zu machen. So kannst du deutlich günstigere Preise erzielen. Du wirst mit Einheimischen schneller ins Gespräch kommen, da du in der Nebensaison nicht mehr einer von vielen bist. Generell wirst du geringere Wartezeiten beim Besuch von Attraktionen haben und auch einzigartige Bilder ohne Menschen aufnehmen können, ohne extrem früh aufzustehen.

All diese Vorteile gehen natürlich auch mit Nachteilen einher. Das Wetter und das Klima werden wahrscheinlich nicht optimal sein. Das bedeutet, dass extremere Temperaturen vorherrschen, sowie starke Winde oder Niederschläge möglich sind. Das kann dazu führen, dass du zu manchen Tageszeiten kaum rausgehen kannst (z.B. bei 45 Grad Celsius um die Mittagszeit), oder an manchen Tagen, wie zum Monsun, nicht rausgehen möchtest. Auch die Hurrikansaison macht eine Reise in ein betroffenes Land zu dieser Zeit risikoreicher.

Wie du siehst haben Reisen sowohl in der Hoch- als auch in der Nebensaison Vor- und Nachteile.

Vor der Reise

Natürlich gibt es noch Übergangszeiten zwischen Hoch- und Nebensaison. In diesen sind die Vor- und Nachteile schwächer ausgeprägt.

Planst du spontan eine Reise, solltest du der aktuellen Lage vor Ort und der „Besten" Reisezeit kurz Beachtung schenken. Ich denke du willst nicht direkt in ein Hurrikan-Gebiet reisen. Aber wenn du schon immer in ein Land reisen wolltest, lässt du dich dann wirklich von ein bisschen Regen und heißeren/kälteren Temperaturen abhalten?

Ist das Land relativ sicher, folge deinem Traum!

*Exkurs Jordanien:*

*Im August hatte ich spontan zwei Wochen Zeit, um zu verreisen. Aufgrund der überhöhten Sommerferienpreise der gängigen Länder im Mittelmeerraum hatte ich mich für eine Reise nach Jordanien und Israel entschieden. Dabei hatte ich mich von den spannenden Bildern aus Filmen und im Internet locken lassen. Natürlich war der günstige Preis auch ein ausschlaggebendes Kriterium. Die empfohlene Reisezeit hatte ich komplett ignoriert. „So schlimm kann es schon nicht sein" dachte ich mir. Am Tag der Ankunft habe ich dann eine Ahnung davon bekommen, warum davon abgeraten wird im August, dem heißesten Monat des Jahres, nach Jordanien zu reisen. Ich schwitzte kontinuierlich. Die sengende Sonne und Temperaturen von bis zu 45 Grad Celsius waren schon sehr extrem. Meistens wurde es um die Mittagszeit so heiß, dass ich Mittag gegessen und anschließend Siesta im Hotel gehalten habe. Nachdem das Klima vor Ort bekannt war, konnte ich mich aber auch sehr schnell darauf einstellen. Ich habe einfach meinen Tagesrhythmus verändert. Z.B. stand ich einfach zeitiger auf. Die kühleren frühen Morgenstunden habe ich genutzt, um Aktivitäten anzugehen und in der Mittagszeit habe ich den fehlenden Schlaf nachgeholt, sofern ich konnte. So konnte ich trotz der heißen Mittagstemperaturen viel unternehmen.*

*Eine Unterkunft zu finden war durch die Nebensaison extrem einfach. Raten alle Reiseführer davon ab im August zu reisen, schlägt sich das natürlich auch auf die Hotelbuchungen nieder! Das war wiederum ein extremer Vorteil, weil ich sehr spontan agieren und mir die hoch geschätzte Flexibilität bewahren konnte. Und trotzdem habe ich noch günstige und zentrale Unterkünfte einen Tag vor der Ankunft oder sogar erst am Tag der Ankunft gefunden! Das wäre während der Hauptsaison deutlich schwieriger geworden und ich hätte wesentlich mehr Zeit darauf verwenden müssen.*

*Aufgrund der Nebensaison und weil ich so früh unterwegs war, sah ich viele der sonst übermäßig besuchten Sehenswürdigkeiten menschenleer. Das gibt einem das einzigartige Gefühl, wie es schon die Entdecker dieses Ortes gehabt haben müssen. Es ist einfach etwas anderes, ob schon hundert Leute in der Schlange stehen, oder ob du der erste in der Felsenstadt Petra – „dem rosaroten Traum aus Stein" bist! Letzteres gibt dir das Indiana Jones Gefühl – du bist der Entdecker! Deine Bilder wirken ohne Menschen grandios und einzigartig, weil alles unberührt und verlassen aussieht und du diesen Moment genauso festhalten kannst.*

Vor der Reise

Wie du siehst hatte es so viele Vorteile in der Nebensaison zu verreisen, dass das bisschen Schwitzen in der Mittagshitze wieder mehr als ausgeglichen wurde.

Möchtest du irgendwo hingehen, lass dich nicht von der empfohlenen Reisezeit davon abhalten! Schaue nach wie sehr dich Klima- und Wetterverhältnisse vor Ort einschränken könnten. Aber ein wenig Hitze in der Mittagszeit ist es wirklich nicht wert eine Reise zu verschieben! Genieße dann lieber die Vorteile, die eine Reise in der Nebensaison mit sich bringt!

## Alleine oder in der Gruppe reisen?

Während der Reiseplanung wirst du dir früher oder später die Frage stellen, ob du alleine oder in Begleitung reisen möchtest. Jede Art zu reisen hat ihre eigenen Vor- und Nachteile. Um in Begleitung zu verreisen, müssen natürlich erst einmal die Rahmenbedingungen, wie die Urlaubszeit passen. Aber auch zwischenmenschlich müsst ihr euch gut verstehen und ihr solltet ähnliche Vorstellungen vom Urlaub haben. Glaub mir, es würde dir den Urlaub versauen, wenn du mit jemandem backpacken gehst, der überhaupt nicht zu dir passt. Streit, Kompromisse und schlechte Stimmung sind nicht das, was du in deinem lang ersehnten Urlaub haben möchtest. Scheue dich in so einem Fall nicht auch alleine reisen zu gehen. Backpacken benötigt Offenheit und realistischen Optimismus. Denke deshalb nicht daran mit pessimistischen, ständig jammernden oder selbstverliebten Reisepartnern loszuziehen.

Es ist sehr wichtig, dass ihr euch vor der Reise darüber austauscht was genau ihr für Vorstellungen habt. Alles was nicht angesprochen wird birgt Konfliktpotential für eure Reise. Hier ist eine kurze Checkliste, damit du weißt ob dein Reisepartner zu dir passt:

- Habt ihr ähnliche Interessen?

Das bedeutet konkret: Seid ihr eher aktiv unterwegs (Konzentration auf Bewegung und Erlebnisse) oder eher entspannt (Konzentration auf Ausruhen und Essen/ Trinken). Liegt die Konzentration auf Aktivität, könnt ihr euch z.B. vorstellen durch den Dschungel zu

## Vor der Reise

wandern, zu raften oder zu tauchen. Wer das Augenmerk eher auf Entspannung legt, tendiert dazu Zeit beim Strandurlaub, in guten Restaurants und Ähnlichem zu verbringen. Diese Dinge schließen sich nicht aus. Man kann sowohl entspannen als auch aktive Phasen mögen. Aber deine Tendenz wird in eine Richtung schlagen und ebenso die deiner Begleitung. Präferiert der eine Abenteuer und möchte beispielsweise im Dschungel übernachten, sollte sich der andere nicht davor scheuen. Oder stell dir vor ihr seid auf einer Insel und dir brennt es unter den Fingernägeln diese zu erkunden, deine Begleitung will aber nur am Strand chillen. Blöde Situation für einen gemeinsamen Urlaub. Natürlich kann man sich hier auch trennen, aber wäre es nicht schöner jemanden dabei zu haben der so tickt wie man selbst?

- Ist ein ähnliches Budget für die Reise angesetzt?

Möchte einer in günstigen Hostels schlafen, der andere aber in gehobeneren Hotels, kann das Budget schnell zum Problem werden. Hier legt ihr einfach auf unterschiedliche Dinge wert. Derjenige der eher an gehobenen Unterkünften interessiert ist, wird sich evtl. vor Hostels ekeln und der mit geringerem Budget wird sich die gehoberen Hotels einfach nicht leisten können oder wollen. Das führt in beiden Fällen zu Unzufriedenheit.

- Könnt ihr euch aufeinander verlassen?

Das ist für mich der wichtigste Punkt. Was passiert, wenn ihr wirklich einmal in eine brenzlige Situation kommt? Seid ihr füreinander da oder kümmert sich jeder nur um sich selbst? Damit meine ich beispielsweise, dass ihr euch gegenseitig mit Geld aushelft, falls eine Kreditkarte nicht funktioniert. Aber auch wenn ihr abends feiern seid. Schaut ihr aufeinander oder nicht? Wenn der andere dir nicht aushelfen würde oder sich nicht darum schert, wie du nach Hause kommst, dann kannst du auch einfach alleine in Urlaub fahren und dein Reisepartner umgekehrt ebenso.

- Seid ihr spontan oder plant lieber?

Manche Leute müssen ihre Reise bis ins Detail durchplanen, damit sie sich sicher fühlen. Das nimmt sehr viel Zeit in Anspruch und kann jemanden nerven, der lieber alles auf sich zukommen lassen möchte. Letzterer könnte sich in seiner Flexibilität und Freiheit eingeschränkt fühlen. Denn er ist eher der Typ den feste Zeitpläne im Urlaub stressen. Er kommt dagegen gut mit Unsicherheit zurecht, wenn z.B. die Unterkunft für den nächsten Tag noch nicht feststeht, während der Planer hier schon Panik bekommt. Ich bin eher der spontane Typ und könnte es mir gar nicht vorstellen die Reise bis ins letzte Detail zu planen und festzulegen. Denn es kommt immer anders als man denkt. Auf jeden Fall solltet ihr ähnlich planvoll vorgehen oder die Spontanität bevorzugen, damit ihr als Gruppe eine schöne Reise habt.

Egal ob du alleine, zu zweit oder in einer größeren Gruppe reist, es macht die Reise nicht schlechter, nur anders. Vor allem wenn du alleine reist, wirst du vermutlich vorher große Sorgen haben. Ich kann dir aber nur eines raten: Trau dich! Alleine lernst du viel schneller Menschen kennen und du hast die Freiheit deine Reise

## Vor der Reise

ganz individuell auf deine Bedürfnisse abzustimmen. Du kannst spontan deine Pläne ändern, ohne es absprechen zu müssen. Und du hast auch viel Zeit mit dir. So lernst du dich selbst noch besser kennen. Alleine zu reisen, wird sich sehr positiv auf dein Selbstvertrauen auswirken, denn am Ende der Reise weißt du: Du kommst mit jeder unbekannten Situation zurecht.

In einer Gruppe zu verreisen hat ebenso seine Vorzüge. Du hast immer einen Gesprächspartner und fühlst dich sicherer, da immer jemand bei dir ist. Außerdem wird es günstiger und komfortabler, da ihr euch beispielsweise Zimmer buchen könnt, die günstiger sind als individuelle Betten im Schlafsaal. Ihr spart ebenso an Transportkosten für Taxis und könnt beim Einkaufen auf dem Markt oder bei Buchungen von Ausflügen Rabatte bekommen. Euer Gepäck wird auch leichter, da beispielsweise nicht jeder eine Reiseapotheke mit sich führen muss. Auf der Reise könnt ihr gegenseitig schöne Fotos voneinander schießen. Das schönste für mich ist aber, eine Erfahrung zu teilen, an die sich gerne gemeinsam zurückerinnert wird.

Denkt daran, dass ihr auf der Reise nicht 24h am Tag miteinander verbringen müsst. Wenn ihr möchtet könnt ihr prinzipiell auch alleine oder mit anderen Personen unterwegs sein, ihr solltet das nur vorher kommunizieren. Solche Auszeiten sind manchmal nötig um nicht genervt vom anderen zu sein.

Du kennst nun die Vor- und Nachteile von Allein- und Gruppenreisen. Sammele deine eigene Erfahrung. Egal ob alleine oder in einer Gruppe: Es wird eine tolle und unvergessliche Reise werden. Trau dich!

## Checkliste:

Bevor du nun nach Flügen suchst, solltest du folgendes haben:

○ Grobe Reisedaten;

○ Liste von potentiellen Reiseländern;

○ Entscheidung für eine Solo- oder Gruppenreise;

○ Bei Gruppenreisen benötigst du eine feste Zusage deiner Reisepartner.

# Günstige Flüge finden

Kennst du das: Du sitzt im Flugzeug und kommst mit deinem Nachbarn ins Gespräch. Ihr redet über dies und das und dann fällt das Gesprächsthema auf die Flugpreise. Du findest heraus, dass dein Nachbar 200 € weniger für den Flug bezahlt hat. Innerlich beginnst du schon vor Wut zu kochen. 200 € mehr für die gleiche Leistung, was für eine Ungerechtigkeit!

Nichts ist ärgerlicher als zu viel für einen Flug zu bezahlen. Dabei ist die Flugsuche ein Punkt bei dem du mit ein wenig Zeitaufwand verhältnismäßig viel Geld sparen kannst. Lass uns deshalb gemeinsam schauen wie du günstige Flüge findest. So wirst du zu demjenigen, der weniger als sein Nachbar bezahlt.

**Hinweis**: Am Ende des Kapitels findest du eine Schritt für Schritt Anleitung für die Flugbuchung.

## Wann buchen?

Das ist die entscheidende Frage. Viele kennen nur eine Strategie. Diese lautet: So früh wie möglich buchen. Dabei wird gedacht, dass es für den frühen Buchungszeitpunkt einen Rabatt gibt und deshalb automatisch der günstigste Flugpreis gefunden ist. Ich sage dir eins: Das ist Blödsinn. In Wahrheit ist die Suche nach dem günstigsten Flugpreis viel komplexer.

Für den besten Buchungszeitpunkt wurden bereits mehrere Analysen von unterschiedlichen Gesellschaften durchgeführt. Hier ist die Zusammenfassung. Die Ergebnisse unterscheiden sich zwar, der optimale Buchungszeitpunkt für alle Flüge liegt aber generell 5 bis 1,5 Monate vor Abflug. Tendenziell steigen die Preise bei kurzfristiger Buchung an. Da die Preisberechnung jedoch auf komplexen Formeln beruht und je nach Fluggesellschaft variiert sind auch Ausnahmen möglich. So weit, so gut, doch entspricht das der Realität?

Meine Erfahrung deckt sich mit den Studienergebnissen. Ich habe auch schon festgestellt, dass die Preise von internationalen Flügen ab ca. sechs Wochen vor Flugbeginn steigen. Warum? Dies liegt an den verschiedenen verfügbaren Kategorien der Airlines. Das Kontingent jeder Kategorie ist wiederum limitiert. Je günstiger die Kategorie desto geringer die Flexibilität.

Die günstigste Kategorie ist meist auf genau ein Datum festgelegt und Flüge können nicht umgebucht werden. Die nächste Kategorie lässt eine Umbuchung gegen Gebühr zu und heißt oft „FLEX". Diese Flexibilität geht zu Lasten des Preises. Bei kurzfristigen Flugbuchungen sind die Tickets der günstigsten Kategorie meist nicht mehr verfügbar. So kannst du nur noch Flüge der nächsten Kategorie buchen, und musst einen teureren Preis in Kauf nehmen.

Jetzt denkst du dir vielleicht: „Aber ist es nicht gut diese Flexibilität der „Flex-Kategorie" zu haben?" – Meiner Meinung nach wird diese Flexibilität zu teuer verkauft, da der Flugpreis schon deutlich höher ist und dann nochmals Umbuchungsgebühren hinzukommen würden. Diese liegen bei Langstreckenflügen bei ca. 130 €. Zudem wirst du deinen Flug mit großer Wahrscheinlichkeit nicht umbuchen. Daher würdest du einfach Geld verschenken. Ich empfehle dir deshalb die Tickets der günstigeren Kategorie zu nehmen. Mit dem gesparten Geld kommst du an deinem Reiseziel locker ein paar Tage mehr aus.

Als grobe Richtlinie halten wir fest: **Hast du ein Reiseziel ins Auge gefasst, empfehle ich dir mindestens sechs Wochen vorher zu buchen.**

Solltest du extrem flexibel sein, kannst du durch eine intensive Recherche auch noch kurzfristige Schnäppchen finden. Wie du das anstellst, zeige ich dir später in diesem Kapitel.

Last-Minute-Flüge sind natürlich auch eine Alternative falls du wirklich sehr kurzentschlossen verreisen möchtest. Diese sind meist mit einem Pauschalangebot gekoppelt, das du aber nicht in Anspruch nehmen musst.

Planst du etwas langfristiger, kannst du nach guten Angeboten der Fluggesellschaften Ausschau halten. Dazu kannst du direkt auf die Website gehen und dich über Angebote informieren oder Newsletter abonnieren. Alternativ kannst du dich von Webseiten wie Urlaubspiraten oder Urlaubsguru darauf aufmerksam machen lassen. Mit diesen Angeboten kannst du meist ein gutes Schnäppchen schlagen.

Ich hoffe du denkst jetzt nicht, wenn du früh genug buchst, kommst du automatisch in die günstigste Buchungskategorie. Denn das ist nicht der Fall, da der Preis von vielen anderen Faktoren abhängig ist. Hast du schon mal probiert, während der Sommerferien auf eine beliebte Insel in Griechenland zu fliegen? Egal wann du buchst, im Vergleich zum restlichen Jahr wird das extrem teuer. Lies deshalb das nächste Kapitel, um zu wissen, was günstige Flüge ausmacht.

## Die wichtigsten Komponenten

Der wichtigste Faktor bei der Flugsuche ist die **Flexibilität**. Darunter fallen die Komponenten **Flugdaten** und **Reiseziel**. Wie du wahrscheinlich schon oft gehört hast, soll es teuer sein in eine Region zu fliegen, wenn dort gerade Hochsaison ist. Ebenso scheinen die Preise in den typischen Urlaubszeiten anzusteigen, wie z.B. in den Schulferien. Doch ist das wirklich so?

Bei Flügen ist es wie in der Wirtschaft, Nachfrage und Angebot bilden den Marktpreis. Da es nur bedingte Kapazitäten an Sitzplätzen gibt, steigen die Preise bei voraussichtlich hoher Nachfrage. Deshalb steigen die Preise für Flüge in den Ferienzeiten zu sehr gefragten Reisezielen, wie z.B. Griechenland an.

Gehen wir nun davon aus du möchtest, wie in diesem Beispiel, einen günstigen Flug nach Griechenland finden. Wie gehst du am besten vor? **Gehe antizyklisch/entgegen der Masse vor.** Konkret bedeutet das außerhalb der Ferienzeiten zu fliegen, wenn du weißt, dass hier eine hohe Nachfrage herrscht. Hier nutzt du die Flexibilität der Flugdaten.

## Vor der Reise

Alternativ kannst du auch ein Ziel anfliegen, dass weniger gefragt ist. Dies könnte an unserem Beispiel Griechenland statt Kreta, eine der vielen anderen Inseln sein. Schaue dir dazu an, welche Flughäfen in der Nähe deines Reiseziels sind. Sind dies fünf weitere statt nur ein Flughafen, hast du die Chance ein günstiges Flugangebot zu finden verfünffacht. Oft sind Inlandsflüge oder Kurzstreckenflüge vor Ort sehr günstig. Möchtest du unbedingt zu einem bestimmten Ziel verreisen, lohnt es sich deshalb auch die Flugpreise zu einem in der Nähe gelegenen Flughafen kombiniert mit einem Kurzstreckenflug zum Reiseziel anzuschauen.

Flexibilität bedeutet mit den Optionen zu spielen. Wäre die Priorität nur griechischer Inselurlaub, könnten ein Flug nach Athen und eine anschließende Schifffahrt oder ein Inlandsflug auf eine Insel auch eine günstigere Option darstellen. Oder es gibt einen günstigen Direktflug zu einer Insel. Alternativ kannst du natürlich auch sagen: Ich möchte einfach irgendwo auf eine Insel, egal in welchem Land. Das gibt dir nochmal viel mehr Möglichkeiten ein Schnäppchen zu finden, da ein anderes Land zu dieser Zeit weniger gefragt sein wird. Wie du siehst solltest du ein paar Kombinationen ausprobieren, um einen guten Kostenüberblick zu erhalten.

Du kannst den Tipp mit in der Nähe gelegenen Flughäfen umgekehrt natürlich auch für deinen Abflughafen umsetzen. Beispielsweise starten manche Low-Cost Airlines nur an bestimmten Flughäfen. Vielleicht hat ein anderes Bundesland noch keine Schulferien. Der Flug zu deinem Ziel kann dadurch von einem anderen Abflughafen deutlich günstiger angeboten werden. Von Vorteil ist, wenn im

Ticketpreis der Zug zum Flug sogar inklusive ist. Aber auch die Sparpreise der Bahn sind sehr günstig. So kannst du auch schon für 19-39 € zu einem weit entfernten Inlandsflughafen reisen.

Bist du grundsätzlich flexibel in der Wahl deines Reiseziels und Abflughafens, kannst du auch mit relativ starren Flugdaten günstige Flüge finden. Merke dir also: **Beziehe auch andere Flughäfen in der Nähe deines Abflugortes und Reiseziels in deine Suche ein.**

*Exkurs Marokko:*

*Im Juni wollte ich mit vier Freunden aus Studienzeiten zu einem bestimmten Datum nach Marrakesch in Marokko fliegen. Da wir uns im Vorfeld auf einen Zeitraum geeinigt und Urlaub beantragt hatten, war die Flexibilität bezüglich Reisedaten und Reiseziel nicht gegeben. Ich habe es dennoch geschafft einen sehr günstigen Flug zu buchen. Wie ich das geschafft habe? Zuerst wollte ich direkt von dem mir am nächsten gelegenen Flughafen, München, fliegen. Die Verbindung war jedoch mit Zwischenstopp und hätte um die 300 € gekostet. Das erschien mir recht teuer. Als einzige Flexibilitätskomponente blieb mir noch übrig den Abflughafen zu variieren. Dies habe ich mit den in diesem Kapitel genannten Webseiten getan. Ergebnis war ein Hin- und Rückflug für insgesamt 85 € ab Hamburg. Durch direktes Buchen über die Airline statt über die Suchmaschine wurde der Flug nochmals 5 € günstiger. Somit hatte ich schon 220 € für den Flug gespart. Natürlich kamen noch die Reisekosten nach Hamburg und wieder zurück hinzu. Dank der Sparpreise der Deutschen Bahn waren dies insgesamt 50 €. Hinzu kam noch eine Übernachtung in Hamburg für ca. 30 €. Das macht immer noch eine Ersparnis von 160 €. Selbstverständlich steht nun die Frage im Raum, ob es sich lohnt extra nach Hamburg zu fahren, weil dort der Flug günstiger ist. In unserem Fall hat es sich definitiv gelohnt, da wir nochmal ordentlich auf die Partymeile in Hamburg gehen konnten bevor wir in Marokko mit dem Fastenmonat Ramadan Bekanntschaft schlossen. Letztendlich konnten wir auch alle zusammen fliegen und keiner musste alleine warten.*

## Flugkosten

Wie weißt du bei deiner Suche, ob ein Flug günstig ist oder nicht? Nun das lernst du mit der Zeit. Als **grobe Richtlinie** gelten meiner Erfahrung nach im Nah- und Mittelstreckenbereich (Strecken bis 3500 km) Flüge bis ca. 99 € als günstig. Bei Langstreckenflügen Preise bis 600 €. Die Preise variieren stark, abhängig davon, ob Billiganbieter die Strecke bedienen und natürlich auch abhängig von der Entfernung der Destination und der Saison.

Einen guten Überblick erhältst du über die Werbeangebote der Airline-Webseiten. Wird beispielsweise ein Hin- und Rückflug nach Jakarta mit „ab 399 €" beworben kannst du dir sicher sein, dass dies der günstigste Preis für diese Strecke bei dieser Airline ist. Oft handelt es sich bei diesen „ab Preisen" um Flüge in der Nebensaison. Wenn du durch eine Preissuchmaschine die günstigste Airline für deinen Zeitraum gefunden hast und du dann auf der Homepage dieser Airline nach „ab Preisen" suchst, erhältst du einen guten Richtwert für einen günstigen Flug.

Manchmal werden Flüge, die du über die Suchmaschinen findest, nur über Reiseveranstalter angeboten (wie z.B. Tui oder Thomas Cook). Bei diesen Flügen handelt es sich um sogenannte Charterflüge. Ich erkläre dir kurz den Unterschied zwischen Linienflügen und Charterflügen.

Linienflüge werden regelmäßig angeboten und sind für die Öffentlichkeit buchbar. Um eine Strecke bedienen zu dürfen, verpflichten sich Fluggesellschaften den Flugverkehr für einen festgelegten Zeitraum zu bedienen. Selbst wenn die Durchführung in manchen Zeiträumen unrentabel wird, müssen die Flüge durchgeführt werden. Die Ticketpreise sind relativ konstant, da eine Tarifpflicht herrscht. Falls die Fluggesellschaft sich nicht an den Vertrag hält, wird sie keine weitere Verlängerung für diese Linie erhalten und es wird der Konkurrenz ermöglicht diese Linie zu bedienen. Essentiell ist, dass der Flug durchgeführt werden muss, unabhängig von der Rentabilität. Im Linienverkehr sind die Preisschwankungen tendenziell geringer als im Charterverkehr.

Im Charterverkehr erwerben Reiseveranstalter Beförderungskontingente von Fluggesellschaften. Dieser Erwerb ist kurzfristig und geht mit größerer Planungssicherheit einher, da aktuelle Beförderungsdaten aus der letzten Saison vorliegen. Bei Charterflügen gibt es eine verhältnismäßig hohe Gewinnspanne. Aus diesem Grund werden die Reiseveranstalter versuchen, jeden Sitzplatz zu vergeben. Herrscht ein hohes Platzangebot kurz vor Flugbeginn, sinken die Preise drastisch. In diesen Bereich fallen vor allem die „Last-Minute" Angebote.

**Tipp für Langzeitreisende**: Für den Fall, dass du mehrere Monate in einem Jahr reisen kannst und viele Länder besuchen möchtest, solltest du dich über das „round the world ticket" informieren. Allerdings lohnt sich das auf Grund des hohen Ticketpreises wirklich nur für Langzeitreisende (die meisten Routen starten ab ca. 1500 €). Die Ticketgültigkeit beträgt ein Jahr.

## Achtung: Du wirst verfolgt!

Bevor wir konkret auf die Websites für die Flugsuche eingehen ein **wichtiger Ratschlag**:

Die heutige Technologie ermöglicht es Fluganbietern zu erkennen, dass du schon mehrmals nach Flügen zu bestimmten Destinationen gesucht hast. Wie das funktioniert? Durch Cookies. **Die Anbieter speichern deinen Suchverlauf und erhöhen die Flugpreise, weil sie erkennen, dass du Interesse an einem bestimmten Flug hast.** Das mag moralisch fragwürdig sein, es ist aber vor allem eins: Ärgerlich für dich! Du kannst diesen Mechanismus umgehen, indem du von Beginn an nur inkognito/private Browser-Tabs für deine Suche nutzt. Solltest du bereits teurere Preise angezeigt bekommen, kann es helfen, dass du deinen Browserverlauf und deine Cookies löschst. Alternativ kannst du auch über einen anderen Browser oder Computer checken, ob die Preise variieren.

Durch ein Programm der Fluganbieter kann es auch zu Preissteigerungen kommen, wenn generell erkannt wird, dass bestimmte Flüge häufig aufgerufen werden. Sollten obige

Methoden nicht funktionieren, kann es helfen ein paar Tage die Seiten nicht mehr aufzurufen, damit der Algorithmus das Nachfrageniveau und damit den Preis wieder auf den Ausgangspunkt setzt. Sollte dies alles nicht funktionieren, kann es auch daran liegen, dass wirklich nur noch wenige Restplätze vorhanden sind.

Webseiten erkennen oft auch welches Gerät genutzt wird. Usern von Apple Produkten wird eine höhere Zahlungsbereitschaft unterstellt, weshalb die Preise auf diesen Endgeräten häufig teurer sind als auf anderen Endgeräten. Es lohnt sich deshalb auch einmal mit Nicht-Apple Produkten nach der Flugverbindung zu suchen. Aus persönlicher Erfahrung kann ich dir berichten, dass mir schon Preisunterschiede von über 100 € für den gleichen Flug auf unterschiedlichen Geräten angezeigt wurden.

**Bevor du nun nach Flügen suchst, wechsle in den Inkognito Modus und probiere unterschiedliche Geräte aus!**

## Verwirrung durch Multistopp, Gabelflug, einfacher Flug oder Hin- und Rückflug?

Bei der Flugsuche empfehle ich sowohl den Preis für einen einfachen Flug als auch für einen Hin-und Rückflug in Erfahrung zu bringen. Weshalb? Im Allgemeinen bevorzuge ich sogenannte Multistopp-Flüge. Das bedeutet du landest und startest nicht am selben Flughafen. Beispielsweise wohnst du in München und fliegst von dort nach Spanien. Du möchtest sowohl Barcelona als auch

## Vor der Reise

Mallorca besuchen. Du beginnst deine Recherche und stellst fest: Der Hinflug nach Mallorca ist sehr günstig, der Rückflug jedoch nicht. Bei Flügen nach Barcelona ist es umgekehrt – der Hinflug ist teuer, der Rückflug ist günstig. Mit diesem Wissen buchst du die Flüge die den niedrigsten Gesamtreisepreis ergeben: München – Mallorca und Barcelona - München. Für die Strecke Mallorca – Barcelona kannst du eine günstige Fähre buchen.

Multi-Stopp Flüge bringen dir den Vorteil, dass du nicht wieder in eine Stadt zurückkehren musst, die du schon kennst. So kannst du innerhalb deiner Reisezeit eine größere Strecke zurücklegen und mehr sehen.

Hin-und Rückflüge zum und vom gleichen Flughafen können aber auch deutlich günstiger sein als zwei einfache Flüge (Multi-Stopp). Dies liegt daran, dass manche Airlines unterschiedliche Tarife für diese Flugarten anbieten. Sparpreise werden manchmal nur für Hin- und Rückfluge angeboten, aber nicht für einen One-way Flug. Dadurch kann ein Hin- und Rückflug günstiger werden als zwei einfache Flüge. Es lohnt sich daher einmal die Optionen von einfachen Flügen sowie Hin- und Rückflügen anzusehen.

**Tipp**: Auch bei Hin- und Rückflügen kannst du vermeiden die gleiche Route zweimal zurückzulegen. Buche dazu einfach einen Inlandsflug.

Für Langstrecken kannst du anstatt nach Direktflügen auch nach Einzelflügen für Teilstrecken suchen. Für das Reiseziel Australien wäre das z.B. ein Flug nach Bangkok und ein Weiterflug nach Sydney. Manchmal findest du hier noch günstigere Preise. Aber

Achtung: Bei Flugverschiebungen ist der Weiterflug durch die getrennte Buchung nicht mitversichert. Daher könntest du den Anschlussflug verpassen und auf den Kosten sitzen bleiben.

*Exkurs Jordanien-Israel:*

*Ende Juli hatte ich meinen Job gekündigt und bereits einen neuen Vertrag unterschrieben. Da ich noch etwas über zwei Wochen Resturlaub hatte, wollte ich diesen für eine Reise nutzen. Dabei war ich in der Länderwahl flexibel. Es sollte jedoch maximal ein Mittelstreckenflug werden. In diesem Zeitraum waren Sommerferien und durch die gefühlte generelle Unsicherheit der arabischen Länder wurden diese von den meisten Touristen gemieden. Dadurch waren die beliebten Reiseziele im Mittelmeer und in Europa stark frequentiert und auch Flüge dorthin verhältnismäßig teuer. Inspiriert durch den Film „Indiana Jones und der letzte Kreuzzug" wollte ich die Felsenstadt Petra in Jordanien besuchen. Jordanien erschien durch seine weiteren Attraktionen wie antike Ruinen, Beduinencamps in der Wüste, dem toten Meer und schönen Tauchspots im roten Meer sehr geeignet. Die Flugsuche gestaltete sich schwierig, da es nur einen internationalen Flughafen im Norden des Landes gab, der den Hin- und Rückflug anbot. Der Hinflug war mit ca. 200 € noch im Rahmen für diese relativ lange Strecke. Allerdings war ein Zwischentopp mit einem Aufenthalt von ca. 12 Stunden in Athen vorgesehen. „Oh Gott so lange" denkst du dir? Es kommt darauf an was du daraus machst! Die Zeitspanne war im Nachhinein perfekt, um entspannt in das Stadtzentrum zu fahren, die größten Sehenswürdigkeiten zu besichtigen und dann wieder in Ruhe zum*

*Flughafen zurückzukehren. So konnte ich mir die wunderbare Akropolis anschauen, durch die Straßenmärkte Athens schlendern und ein wunderbares griechisches Essen genießen. Einen Rückflug vom nahen Osten zu finden war deutlich komplizierter. Da meine Reiseroute von Nord nach Süd verlief, musste ich einen Rückflug vom Süden zum internationalen Flughafen im Norden buchen, der anschließend weiter nach München gehen sollte. Dieser hatte nicht nur einen langen Zwischenstopp von 33 Stunden, sondern war mit 300 € auch teuer. Teuer und kompliziert sind nicht wirklich meine Lieblinge. Also habe ich mir überlegt welche Flughäfen es noch in der Nähe geben könnte. Ich bin dann auf Tel Aviv in Israel gestoßen. Hier habe ich einen direkten Rückflug für 134 € bekommen. Noch dazu konnte ich meine Reise um attraktive weitere Ziele wie Jerusalem erweitern ohne wieder an den gleichen Ausgangspunkt zurückkehren zu müssen. Letztendlich hat sich dadurch meine Reiseroute erweitert und ich hatte Geld gespart. Ein Top-Deal. Es lebe der Multi-Stopp!*

## Webseiten für die Flugsuche

Nach all diesem Vorwissen, stellt sich jetzt die Frage wo du nach Flügen suchen kannst. Das Reisebüro ist keine gute Anlaufstelle für dich. Das ist eher etwas für Leute die nicht wissen wie Online-Schnäppchen gemacht werden. Ein Reisebüro hat mir noch nie einen günstigeren Preis als eine Onlinesuchmaschine angeboten. Schließlich verdient das Reisebüro auch mit. Aber kommen wir nun dazu wie du günstige Flüge findest und Geld sparst. Je nach deiner

Flexibilität hinsichtlich Terminen und Flugzielen empfehle ich dir unterschiedliche Internetseiten zu nutzen.

Gute Webseiten bei fixen Terminen und flexiblen Flugzielen sind: www.momondo.de und www.kiwi.com. Hast du beispielsweise schon feste Urlaubsdaten wären diese Adressen optimal für dich. Auf diesen Seiten werden auf der Weltkarte die Preise für die jeweiligen Destinationen anschaulich dargestellt. Zusätzlich können Filter gewählt werden, die deiner gewünschten Flugdauer und deinem gewünschten Budget entsprechen. So erhältst du einen guten ersten Überblick für mögliche Reiseziele. Bei www.skyscanner.de hast du dieselben Features, die Ergebnisse werden allerdings in Tabellenform statt auf einer Karte angezeigt.

Bei flexiblen Daten und flexiblen Flugzielen empfehle ich dir www.skyscanner.de. Dort kannst du angeben in welchem groben Zeitraum du fliegen möchtest und kriegst Flugpreise zu allen möglichen Zielen in dieser Zeit angezeigt. Dazu musst du einfach nur die Optionen „Ab Deutschland" (oder andere Länder) und „nach alle Orte" auswählen. Als Datum wählst du „günstigster Monat" oder alternativ den Monat in dem du starten/ zurückreisen möchtest. Diese Option hilft dir sehr günstige Flüge in die Reiseländer zu finden. Hast du durch Skyscanner die theoretisch günstigsten Flugpreise für ein Land gefunden, musst du diese nun erstmal in der Praxis finden. Das ist nicht so leicht, da dir Skyscanner trotz der Kalenderansicht nicht die Preise für jeden Tag anzeigt. Ich empfehle dir deshalb auf www.kayak.de zu wechseln. Dort wählst du nun deine potentiellen Abflugs- und Ankunftsflughäfen (günstigste

Flughäfen aus Skyscanner übernehmen). Gib dazu als Abflugsort „Deutschland" ein. Wähle einen Abflugs- und Ankunftstag. Der entscheidende Punkt ist, dass du die Option „flexible Daten" wählst. So erhältst du in einer anschaulichen Matrix die günstigsten Flugdaten. Mit dieser Methode finde ich immer preiswerte Flüge.

Falls du ein festes Reiseziel und flexible Reisedaten hast, empfehle ich dir ebenfalls mit Skyscanner und Kayak nach vorherigem Beispiel vorzugehen.

Hast du ein festes Reiseziel und feste Reisedaten nutzt du den wichtigsten Faktor für Schnäppchen nicht – die Flexibilität. Ändere das also oder du musst in den sauren Apfel beißen und verhältnismäßig teuer buchen oder einfach Glück haben. Ich denke aber, dass du zumindest ein paar Tage Spielraum hast. Das ist der Raum, der dir die Möglichkeit für einen billigeren Flug gibt.

**Tipp:** Falls du in Grenznähe wohnst, beziehe auch nahe, ausländische Flughäfen mit in die Suche ein.

Am Ende dieses Abschnitts solltest du die Tipps umsetzen und günstige Flüge zu deinem Reiseziel finden.

Du freust dich und denkst du hast schon maximal gespart? Buche noch nicht, ich zeige dir wie du nochmal extra sparen kannst.

## Gruppenreisen

Du möchtest mit Freunden reisen und schaust deshalb nach Flügen für alle zusammen? Stopp! Es bietet sich an die Flüge einzeln zu suchen. Das liegt daran, dass dir so auch die letzten Kontingente in den günstigen Buchungsklassen angezeigt werden. Fliegt ihr beispielsweise zu zweit und es ist nur noch ein Sitzplatz in dem günstigsten Tarif vorhanden, so wird euch dieser gar nicht angezeigt, wenn ihr bei der Suche zwei Passagiere angebt. Bei der Einzelbuchung könnt ihr den letzten Sitzplatz des günstigen Tarifes und einen Sitzplatz des nächst höheren Tarifes wählen und euch anschließend die Differenz teilen.

## Per Suchmaschine oder Airline buchen?

Hast du nun über eine Website ein geeignetes Ziel und passende Reisedaten entdeckt, solltest du nicht sofort über die Suchmaschine buchen. Da die Suchmaschinen eine Provision für jeden über sie gebuchten Flug erhalten, besteht die Möglichkeit, dass der Preis auf der Seite der Airline günstiger ausfällt. Du solltest deshalb die Preise auf der Homepage der Airline abfragen und mit denen der Suchmaschine vergleichen. So kannst du dir sicher sein den günstigsten Preis gefunden zu haben und anschließend das Ticket buchen.

Suchmaschinen zeigen auch indirekte Buchungen von Drittanbietern an. Bei einer indirekten Buchung kann es sich nur um eine Buchungsanfrage handeln und nicht um eine Buchung im eigentlichen Sinne. Im schlimmsten Fall kann der Flug gar nicht gebucht worden sein, da keine Kontingente bei der Airline mehr frei waren. Somit beginnt die Suche von vorne. Bei der indirekten Buchung können auch Servicegebühren wie z.B. für die Bezahlung via Kreditkarte anfallen. Dementsprechend ist der Vorteil bei der direkten Buchung über die Airline, dass es sich hier tatsächlich um eine Buchung und nicht nur um eine Anfrage handelt. Zusätzlich erhältst du einen direkten und seriösen Ansprechpartner bei Fragen. Das solltest du bei der Buchung bedenken.

Buchst du über einen indirekten Anbieter, überzeuge dich vorher anhand von Erfahrungsberichten über dessen Seriosität. Frage nach der Buchung bei der Airline an, ob du im System auftauchst. Nur so kannst du sichergehen, dass du auch wirklich fliegst. Ich mache das immer per Email und erhalte meist innerhalb von 24h eine Antwort.

**Ob nun direkte oder indirekte Buchung: Achte auf versteckte Kosten und dass es sich wirklich um eine Buchung handelt! Wähle daraufhin den günstigsten Preis für deinen Flug.**

Jede Entscheidung für ein Land bedeutet, dass du die anderen Länder noch nicht besuchen kannst. Das ist kein Anlass zur Trauer, die nächste Reise kann ja genau dorthin führen. Sich auf ein Land festgelegt zu haben, bringt ein befreiendes Gefühl mit sich und ist nötig um weiterzumachen.

## Zusatzversicherungen - Sinnvoll oder Humbug?

Im Buchungsprozess wird versucht alle möglichen Versicherungen als essentiell darzustellen. Überlege jedoch, ob du diese Versicherungen wirklich brauchst. In den meisten Fällen verursachen diese nur zusätzliche Kosten. Die Inanspruchnahme der Versicherung ist natürlich auch an Konditionen gebunden. Für einen Reiserücktritt wären dies u.a. schwere Erkrankungen oder Unfälle. Ein Check deiner bereits bestehenden Versicherungen ist anzuraten, damit du doppelte Versicherungen und damit unnötige Kosten vermeidest.

Ich buche beispielsweise nie eine Reiserücktrittsversicherung, weil ich weiß, dass ich die Reise definitiv durchführen werde. Auch die anderen Zusatzangebote schlage ich aus, schließlich will ich ja einen günstigen Flug buchen und nicht einen günstigen Flug mit Zusatzleistungen und 1000 € Extrakosten.

**Tipp:** Bei Flugbuchungen mit der Kreditkarte wird je nach Bankkonditionen eine Auslandsreisekrankenversicherung und eine Reiserücktrittsversicherung kostenlos für dich hinzugefügt.

Vor der Reise

## Handgepäck oder zusätzliches Gepäck?

Stelle dir folgende Frage: Wieviel Gepäck brauchst du wirklich? Denn tendenziell ist Gepäck nicht nur ein Ballast-, sondern auch ein Kostenfaktor. Bei manchen Airlines ist ein zusätzliches Gepäckstück bereits im Preis enthalten. Bei den meisten Low-Cost Airlines ist dies jedoch nicht der Fall. Wirst du vor die Wahl gestellt, solltest du dir überlegen, ob du das Zusatzgepäck wirklich benötigst. Checke dazu erst mal die Gepäckverordnung der Airline. Fliegst du nur mit Handgepäck, beschränkt sich dies je nach Airline nicht nur auf ein Handgepäckstück in gewissen Maßen, sondern du darfst ebenso eine Tasche oder Ähnliches zusätzlich ohne Aufpreis mitnehmen. Aber Achtung: Seit November 2018 gelten bei einigen Low-Cost-Airlines wie Ryanair und Wizz Air neue Handgepäcksbestimmungen. Dort ist im Standardtarif nur noch maximal ein kleines Gepäckstück erlaubt und keine weitere Tasche. Weitere Informationen findest du im Kapitel „Packliste".

Ab wann benötigst du zusätzliches Gepäck? Das kommt auf deine Reisedauer und deine Aktivitäten an. In der Regel komme ich bis maximal zehn Tage auch nur mit erweitertem Handgepäck aus und wasche die Klamotten während der Reise mehrmals. Möchtest du allerdings viel unternehmen und entsprechendes Equipment mitnehmen, wird der Platz im Handgepäck sehr knapp.

Verreist du in warme Regionen benötigst du tendenziell weniger Platz, da Sommerklamotten ein geringeres Packvolumen als Winterklamotten mit Winterjacke etc. haben.

Überlege dir auch im Vorfeld, ob du Souvenirs mitbringen möchtest und ob du entsprechend Platz im Gepäck hast. Sofern du größere Taschenmesser, mehrere Feuerzeuge oder Artikel im flüssigen Zustand über 100 ml transportieren möchtest, musst du diese entweder im Zusatzgepäck aufgeben oder im Duty-Free Shop kaufen. Ansonsten wirst du sie beim Security Check abgeben müssen.

Vor der Reise

## Checkliste Flugbuchung

Mit Hilfe dieser Checkliste behältst du bei diesem komplexen Thema den Überblick. Gehe Schritt für Schritt vor.

1. Finde mehrere potentielle Reiseziele;
2. Lege die groben Reisedaten fest;
3. Öffne den Inkognito Modus in deinem Browser;
4. Nutze Suchmaschinen wie Skyscanner um einen Überblick über Ticketpreise zu erhalten;
5. Suche nach Flügen für einen Erwachsenen;
6. Variiere die Abflug- und Zielflughäfen in deinem Abflugs- und Zielland. Setze dazu den Haken bei „Flughäfen in der Nähe in die Suche einbeziehen";
7. Variiere die Flugtermine um ein paar Tage – nützlich ist eine Tabellenansicht;
8. **Zwischenziel erreicht: Grobe Übersicht über die Flugkosten ins jeweilige Zielland;**
9. Wähle nun dein potentielles Reiseziel und plane deine grobe Route;
10. Check: Liegen andere Flughäfen auf deiner Reiseroute oder in unmittelbarer Nähe?
11. Checke sowohl die Kosten für einfache Flüge als auch für Hin- und Rückflüge ab/und zu den potentiellen Flughäfen;
12. Hast du ein günstiges Angebot gefunden, gehe zum Direktanbieter und schaue, ob du denn Preis nochmals senken kannst;

13. Checke den Preis auf einem anderen Endgerät im Inkognito-Modus;
14. Buche deinen Flug, du hast den günstigsten Tarif gefunden. ☺

**Bei langfristiger Planung:**

Nach Schritt 1: Newsletter von Reiseschnäppchen-Seiten und Airlines abonnieren, die deine Destination bedienen.

**Tipp bei Flugverspätungen**: Sollte dein Flug deutlich verspätet oder überbucht sein, steht dir eine Entschädigung zu. Das gilt für alle Flüge die:

- In der EU starten;
- In der EU landen und von einer europäischen, norwegischen, isländischen oder schweizerischen Fluggesellschaft durchgeführt werden.

Die Entschädigung beträgt je nach Strecke zwischen 250 und 600 €. Als verspätet gilt ein Flug, wenn die Ankunftszeit sich um mindestens drei Stunden verzögert. Ob dir eine Entschädigung zusteht kannst du ganz einfach unter www.flightcomp.de checken.

Ich habe wegen Überbuchung auch einmal freiwillig einen Flug später genommen und mir wurden dafür 250 € ausgezahlt. Das ist ein guter Zuschuss für die Reisekasse.

## Vor der Reise

# Routenplanung

Du hast dein Reiseland gefunden, den Flug gebucht und überlegst dir was du dort alles sehen und bereisen möchtest? Das ist gut! Du solltest eine grobe Reiseroute haben, mit den Highlights die du unbedingt sehen möchtest und auf die du dich freust. Wie detailliert solltest du aber planen? Meiner Erfahrung nach macht es keinen Sinn jeden Tag durchzuplanen. Weshalb? Es kommen oft so viele unterschiedliche Dinge dazwischen, dass es schnell zu Verzögerungen kommen kann und du deinen Reiseplan nicht einhalten kannst. Dazu gehören beispielsweise Staus, spontane Erkrankungen, Bus verpassen oder auch einfach keine Verfügbarkeit an Verkehrsmitteln!

Bestimmt wirst du dich auf deiner Reise mit Travelern oder Einheimischen unterhalten, die einen Ort in der Nähe anpreisen. Und du wirst auch Lust bekommen diesen Ort zu sehen. Das alles kann dir einen Strich durch deine detaillierte Reiseplanung machen! Ich empfehle dir deshalb als Richtlinie: Plane im Vorfeld für einen Zeitraum von einem Monat nur ca. 4-5 große Dinge, die du unbedingt sehen möchtest. Auf deiner Reise werden genug unvorhersehbare Dinge geschehen die eine detaillierte Planung zunichtemachen. Das Wichtigste was du lernen wirst ist mit solchen Sachen zurechtzukommen und in jeder Situation zu improvisieren.

Die Devise für deine Reise lautet: Sehe so viel wie möglich, aber lass dich nicht stressen! Du wirst schnell merken, dass es sehr ermüdend

*Routenplanung*

ist jede Nacht woanders zu schlafen. Gönne dir deshalb auch mehrere Nächte an einem Ort!

Denke daran: Zeit ist auch Geld. Jede zurückgelegte Strecke kostet dich etwas. Bleibst du längere Zeit an einem Ort, sparst du Geld und entspannst dich. Zusätzlich hast du noch die Möglichkeit Dinge zu erledigen die Zeit in Anspruch nehmen, wie z.B. Wäsche waschen.

Hast du wirklich nur wenige Wochen Zeit, dann musst du natürlich etwas detaillierter planen um alles sehen zu können was du dir vorgenommen hast. Lass es trotzdem nicht in Reisestress ausarten.

Je länger du unterwegs bist, desto entspannter wird deine Reise und auch die Kosten pro Tag reduzieren sich tendenziell. Gönne dir auch mal dieses Gefühl, nicht mehr zu wissen welcher Tag ist, weil es für dich keine Rolle spielt. Das ist ein unheimlich entspannendes Gefühl!

Als grobe Richtlinie empfehle ich dir deinen Urlaub so flexibel wie möglich zu gestalten und nur deine erste Nacht und den Hin- und Rückflug im Vorfeld zu buchen. Den Rest buche ich meist spontan auf der Reise. Erst das gibt mir die gewünschte Freiheit und Spontanität. Die spannendsten Reiseerlebnisse ergeben sich sowieso durch Zufall und nicht durch Planung. Manchmal ist ein Ort auch einfach so wundervoll, dass du länger verweilen möchtest! Bedenke das bei deiner Reiseplanung und plane etwas Puffer ein.

Denke bei deiner Reise auch an lokale Feiertage. Beispielsweise ist es in muslimischen Ländern freitags nach dem Mittagsgebet sehr schwer zu reisen, weil einfach kaum Verkehrsmittel fahren. Genauso verhält es sich in Israel während des Sabbats.

Achtung: Manche Sehenswürdigkeiten verfügen nur über limitierten Zugang. Informiere dich deshalb im Vorfeld bei deinen Must-See Punkten darüber, ob du die Tickets dafür weit im Voraus buchen musst. Ein Beispiel ist z.B. ein Zugticket oder eine Wanderung auf dem Inkatrail nach Machu Picchu.

**Tipp:** Plane anstrengende Aktivitäten zu Beginn der Reise und halte dir am Ende deiner Reise ein paar Tage zum Entspannen frei. Beispielsweise kannst du die Reise am Strand in Ruhe Revue passieren lassen und dir überlegen, was du bei deiner Rückkehr berichten willst. Und du kommst ausgeruht zurück nach Hause.

## Wichtige Dokumente und Vorbereitungen

Vor deiner Reise gibt es ein paar essentielle Dinge zu erledigen. Hier gehen wir darauf ein was du für bürokratische und medizinische Vorarbeit leisten solltest, um sicher zu reisen.

## Backupdokumente

Für den Fall der Fälle solltest du alle Dokumente auch als Backup dabeihaben. Das kann sowohl physisch als auch digital sein. Ich empfehle dir beides. Oft musst du beispielsweise ein Flugticket vorzeigen, wenn du einen Flughafen betreten möchtest. Ist dein Handyakku leer oder hast du keinen Internetempfang, kannst du so immer noch auf deine physische Kopie zurückgreifen.

Generell würde ich dir empfehlen alle Dokumente in einer Cloud zu speichern oder dir per Email zu schicken. So hast du immer eine Online-Kopie vorrätig, die du nicht verlieren kannst. Www.dropbox.com ist beispielsweise ein kostenloser Cloud-Dienst.

Welche Dokumente sind nun für deine Reise wichtig?

Du solltest Kopien von folgenden Dingen haben:

- Vorder- und Rückseite der ersten Seite des Reisepasses;
- Alle Flug-, Hotel-, Tour-, Mietwagen-Buchungen und Reservierungen;
- Passbilder (für Visa);
- Führerscheine;

Vor der Reise

- Tauchscheine und andere Zertifizierungen;
- Impfpässe;
- Versicherungen;
- Telefonnummern und Adressen von wichtigen Kontakten (Bank);
- Kreditkarten;
- Optional: Studentenausweis.

Durch die Sicherung hast du im Notfall, wenn das Dokument verloren gegangen ist oder vergessen wurde, immer noch die Kopie. Das beschleunigt die erneute Beantragung.

Ich würde dir empfehlen zumindest die Flugbuchungen, andere wichtige Reservierungen und den Reisepass/ Personalausweis auch als Kopie mitzunehmen.

## Reisepass

Mit dem Personalausweis kannst du nur innerhalb der EU reisen. Eines der wichtigsten Dokumente für Reisen außerhalb der EU ist deshalb der Reisepass! Ohne ihn wird man dich nicht aus- und einreisen lassen! Achte darauf, dass dein Reisepass noch gültig ist! Für viele Länder muss der Reisepass am Tag der Einreise noch bis zu 6 Monate Gültigkeit haben. So sichern sich die Länder ab, dass auch bei einer spontanen Verlängerung oder einer vorübergehenden Abreiseunfähigkeit eine legale Visaverlängerung möglich ist. Sollte dein Reisepass nicht die erforderliche Mindestgültigkeitsdauer

*Wichtige Dokumente und Vorbereitungen*

haben, wird er wie ein ungültiger Reisepass behandelt. Ergo wird die Einreise verwehrt.

Checke deshalb rechtzeitig vor Reisebeginn die Gültigkeit deines Reisepasses! Solltest du einen neuen benötigen, kümmere dich spätestens vier Wochen vor deiner Abreise bei der zuständigen Passbehörde darum. Solltest du es vergessen haben, gibt es noch das Expressverfahren und den vorläufigen Reisepass. Der Reisepass kann dir im Eilverfahren in drei Werktagen zugestellt werden, allerdings musst du dafür einen Aufschlag zahlen. Im Falle, dass du am Flughafen stehst und merkst, dass dein Pass abgelaufen ist, kannst du auch einen vorläufigen Reisepass beantragen. Das dauert aber in der Regel ein paar Stunden und du solltest wissen, dass die Einreise mit dem vorläufigen Reisepass nicht immer möglich ist. Schaue dir dazu die Einreisebestimmungen beim Auswärtigen Amt an.

Einen wichtigen Punkt gibt es noch zu beachten! Die Visastempel, die du in deinem Reisepass angesammelt hast, können dir bei der Einreise in ein anderes Land Probleme bereiten. Beispielsweise kannst du mit einem iranischen Stempel nicht in die USA oder nach Israel einreisen. Was machst du nun? Du benötigst einen neuen oder einen zweiten Reisepass! Auch hier solltest du wieder spätestens vier Wochen vor Abreise aktiv werden. Manche Länder wissen über die Probleme ihres Stempels Bescheid und haben deshalb den Stempel im Reisepass gegen ein Visum in Beilegeblatt-Form ausgetauscht.

Kurz zusammengefasst bedeutet das: Ohne gültigen Reisepass keine Einreise. Sorge also dafür, dass er noch die erforderliche Gültigkeit besitzt.

## Kreditkarten

Vorbei sind die Zeiten in denen mit einem Sack voller Goldmünzen durch die Welt gereist wurde. Der neue Goldsack ist aus Plastik und nennt sich Kreditkarte! Natürlich kannst du es noch wie im Mittelalter machen und einen Haufen Bargeld mitnehmen, aber damit nimmst du viele Nachteile in Kauf. Wer kann schon entspannt durch die Straßen laufen oder ruhig schlafen, wenn er weiß, dass er ein Vermögen mit sich trägt, das einem Dieb zum Opfer fallen könnte? Dein neuer Freund, die Kreditkarte, erspart dir diese Probleme. Mit ihr kannst du ganz bequem an Geldautomaten auf der ganzen Welt Geld abheben. Die Kreditkarte wird eine deiner wichtigsten Begleiter sein.

Doch Kreditkarte ist nicht gleich Kreditkarte – es gibt viele Unterschiede. Bei der heutigen Auswahl an Banken und Kreditkarten scheint es schwer die Richtige für dich zu finden. Um dir zu helfen habe ich die wichtigsten Kriterien für deine Kreditkarte zusammengefasst:

- Kostenlose Bargeldabhebung

Das ist ein sehr wichtiger Punkt, denn bei häufigen Bargeldabhebungen können sich die Gebühren zu einer ordentlichen Summe addieren. Stell dir vor es fallen bei jeder Abhebung 3 % Gebühren oder eine Mindestgebühr von 10 € an. Dann wird die Bargeldabhebung ein weiterer teurer Punkt auf deiner Kostenliste. Häufig wird die maximale Abhebemenge an den ausländischen Bankautomaten auf ca. 100-150 € begrenzt, was wiederum mehrmaliges Abheben und somit erneute Gebühren zur Folge hat. Aber auch allein der Gedanke etwas zu bezahlen, um an sein eigenes Geld zu gelangen scheint abstrus. Siehe deshalb zu, dass du eine Bank wählst bei der diese Kosten nicht anfallen.

**Tipp**: An manchen Geldautomaten im Ausland fordert die ausländische Bank eine gewisse Gebühr bei der Bargeldabhebung. Eine gute Bank erstattet dir diese Gebühr, insbesondere, wenn mit kostenloser weltweiter Bargeldabhebung geworben wird. Schreibe dazu einfach eine Nachricht an das Institut deiner Kreditkarte.

- Internationale Akzeptanz

Deine Kreditkarte ist nichts wert, wenn du diese nicht überall einsetzen kannst. Checke daher auch diesen Punkt sorgfältig bei deiner Bank. Bei der Kreditkartenwahl ist es wichtig, dass du mit der Karte sowohl weltweit Bargeld abheben, als auch Online bezahlen kannst. In den meisten Fällen wird eine Visa- oder Mastercard dieses Kriterium erfüllen.

Weitere Pluspunkte sind:

- Kostenfreie Kontoführung;
- Kostenfreie Transaktionen;

Vor der Reise

- Bonusprogramme.

Bonusprogramme erlauben es dir Vergünstigungen zu erhalten, wenn du die Karte einsetzt. Dazu zählen z.B. kostenlose Flüge/ Übernachtungen bei häufigerem Einsatz. Aber auch Vorteile wie eine kostenlose Reiserücktritts-/ Auslandskrankenversicherung bei der Flugbuchung oder eine Mietwagenvollkaskoversicherung gehören dazu. Kreditkarten mit besonderen Bonusprogrammen sind in der Regel gegen eine Jahresgebühr erhältlich. Die American Express Platinum oder Barclaycard Platinum Double fallen in diese Kategorie. Mit diesen Kreditkarten deckst du verschiedene Versicherungen ab.

- Ein Rund-um-die-Uhr Service

Der Service ermöglicht dir sofort mit deiner Bank zu kommunizieren, falls es einmal zu Problemen kommen sollte, z.B. bei Kartensperrung oder auffälligen Kontobewegungen.

Bei der Auswahl der Kreditkarte solltest du darauf achten, dass es sich um eine Charge- und nicht um eine Debit-Karte handelt. Eine Charge-Karte erleichtert es dir Kautionen zu hinterlegen, da nur einmal im Monat abgerechnet wird. So wird dir mit der Charge-Karte für einen gewissen Zeitraum ein zinsloser Kredit gewährt. Bei der Debit-Karte werden alle Umsätze sofort vom Konto abgebucht und der kurzfristige Kredit entfällt somit.

Bitte mache nicht den Fehler und nehme eine **EC-Karte** mit auf deine Reise. Diese wird in den meisten Fällen nicht akzeptiert und falls doch, fallen hohe Gebühren im Ausland an!

**Hast du die richtige Kreditkarte gefunden, präge dir bitte die PIN ein!** Schreibe sie dir wenn nötig in dein Notizheft. Ohne die PIN ist deine Kreditkarte für das Bargeldabheben nutzlos!

Melde dich für das Online-Banking an, um Überweisungen tätigen zu können. Stelle zudem sicher, dass du Onlinezahlungen, wie Flugbuchungen auch während der Reise durchführen kannst. Bei der Visa Karte gibt es das „verified by Visa"-Verfahren, das zuerst freigeschalten werden muss, um die Karte zu nutzen. Kümmere dich rechtzeitig darum. Dazu sollten ca. vier Wochen vor Reiseantritt genügen. Fällt dir dies erst auf der Reise auf, stellt das ein echtes Problem dar, wenn du z.B. Flüge online buchen möchtest, aber einfach nicht kannst.

Beachte die Transaktionslimits deiner Kreditkarten. Das Transaktionslimit ist eine Sicherheitsmaßnahme, dir verhindert, dass unbegrenzt Geld abgehoben wird oder unbegrenzte Kartenzahlungen getätigt werden. Das ist z.B. bei Diebstahl sehr nützlich. Überschreitest du das Transaktionslimit, wirst du kein Geld mehr für die restliche Transaktionszeit abheben können. Falls möglich, erhöhe das wöchentliche Limit auf 1000-1500 €. Dies sollte auf jeden Fall reichen.

Ich persönlich nutze die Kreditkarte von der DKB und als Ersatzkarte eine von Comdirect. Die Kreditkarte von der Santander Bank ist ebenso empfehlenswert. Bei der Nutzung der DKB Karte solltest du die Konditionen für Aktivkunden erfüllen, nur so ist der Auslandseinsatz kostenlos.

Hier gibt es noch zwei wichtige Tipps für dich:

**Tipp 1**: Nimm immer **zwei Kreditkarten** mit auf deine Reise! Sollte eine nicht akzeptiert werden oder Probleme mit einer auftauchen, hast du immer ein Backup. Einer der nervigsten Dinge auf deiner Reise wäre es ohne Geld dazustehen. In diesem Fall muss die Reise nicht zu Ende sein, denn es gibt Wege trotzdem an Geld zu gelangen, siehe dazu im Kapitel „Worst case - Notfallhilfe". Es wäre nur ein großer Aufwand.

**Tipp 2**: Habe immer eine **Bargeldreserve** bei dir! Ich nehme immer 100-200 € für Notfälle mit.

*Erfahrungsbericht: Kreditkartenprobleme in Zentralamerika.*

*Meine erste große Reise allein! Die Kreditkarte ist eingepackt, die grobe Reiseroute steht. Was kann da schon schiefgehen? Nunja, was schief gehen kann habe ich in den ersten fünf Minuten nach Ankunft im Terminal gemerkt. „Wieso gibt mir dieser guatemaltekische Bankautomat kein Geld? Habe ich einen Zahlendreher bei der PIN-Eingabe gehabt? Hmm, die andere Kombination zeigt auch keine Wirkung. Vielleicht ist einfach der Bankautomat defekt – auf zum nächsten. Seltsam, hier das gleiche Spiel. Verdammt was mache ich jetzt? Stimmt irgendetwas mit der Kreditkarte nicht? Wie toll, dass ich genau 5 € in der Tasche habe!" All diese Gedanken haben sich in* meinem Kopf abgespielt. Mit 5 € durch Zentralamerika? Das wäre nicht möglich. Gut, dass der Rückflug auch erst ein Monat später von Honduras aus war.

So sah es am Anfang der Reise aus, als ob sie schon vorbei wäre und ich einen Monat unter der Brücke schlafen müsse. Wie ich aus dieser Situation herausgekommen bin fragst du dich?

Ich hatte Glück, denn im Vorfeld hatte ich per Couchsurfing eine Übernachtungsmöglichkeit bei einem sehr netten Guatemalteken – Ariel – gefunden. Er war sogar so nett und holte mich vom Flughafen ab. Das war dann auch die Rettung, denn wie hätte ich es sonst geschafft den Flughafen zu verlassen? Wir haben dann noch an weiteren Bankautomaten außerhalb des Flughafens probiert Geld abzuheben. Leider erfolglos. Auch eine Kartenzahlung am Schalter hat nicht funktioniert. Da wurde mir klar: Es liegt nicht an den Automaten, sondern an der Karte. Zum Glück hatte ich eine Übernachtungsmöglichkeit, WLAN und Skype-Guthaben. So konnte ich mit meiner Bank telefonieren und die Ursache für das Schlamassel herausfinden. Ich hatte einfach schon 2-mal in Deutschland die PIN falsch eingegeben und dann in Guatemala durch den Zahlendreher ein drittes Mal. Und tada – die Karte wurde gesperrt. Der nette Mann am Telefon meinte er könne die Karte wieder entsperren, aber das könne einige Tage dauern. So verblieben wir und ca. zwei Tage später erlebte ich die ultimative Erleichterung am Geldautomaten. Meine PIN und meine Karte funktionierten! Geld kam aus dem Automaten! Ich war reich! Jedenfalls habe ich mich noch nie so darüber gefreut, dass ich Geld

## Vor der Reise

*abheben konnte. Endlich konnte ich meine Reise fortsetzen. Vielen Dank an dieser Stelle an Ariel – ohne dich wäre ich in Bredouille geraten!*

*Auf derselben Reise durfte ich auch noch lernen, warum es so wichtig ist eine Bargeldreserve dabei zu haben. Klingt nach einem spannenden Urlaub oder? Es begab sich in einem weit abgelegenen Ort an der guatemaltekischen Ostküste. Der erste Tag verlief super, ich hatte eine gute Unterkunft und Anschluss gefunden, das Essen war lecker, nur der Geldbeutelinhalt neigte sich dem Ende zu. Also ging ich zum nächsten Geldautomaten und wollte Geld abheben. Hmm ok – außer Betrieb. Naja kann ja passieren. Auf zum nächsten. Dasselbe Spiel. Ok aber beim Dritten klappt es bestimmt. Außer Betrieb. Na toll! Nach 2 km Fußmarsch dünkte mir, dass hier etwas nicht stimmt. Also fragte ich den nächsten Einheimischen, ob er wisse, warum die Automaten nicht funktionieren. Der erklärte mir gelassen, dass es wieder einen Stromausfall gebe, aber das passiere öfter, nichts wo man sich Sorgen machen müsse. Ok, dann halt wieder zurück zur Unterkunft. Blöd nur, dass ich diese für die Nacht nicht bezahlen konnte. Die Mitarbeiter waren es aufgrund der Stromausfälle gewohnt und ließen zum Glück anschreiben. Verzweifelt checkte ich immer wieder, ob das WLAN funktioniere, ein Indiz für das Ende des Stromausfalls. Bei Nacht gingen dann natürlich auch die Lichter nicht. Ein sehr interessanter Tag. Sage und schreibe 24 Stunden später war der Strom wieder da, ich konnte Geld abheben und meine Schulden begleichen.*

*Was habe ich aus der Geschichte gelernt? Nimm immer eine Bargeldreserve für den Notfall mit und zwei Kreditkarten die funktionieren. Denn wer weiß, vielleicht triffst du mal auf weniger freundliche Menschen, die sofort bezahlt werden wollen.*

**Studententipp**: Als Student kannst du dir auch eine Kreditkarte mit Studentenausweis-Funktion besorgen. So eine hatte ich mir von der DKB besorgt und damit mehrere Male ermäßigten Eintritt erhalten. Auf die Akropolis in Athen kommst du damit sogar gratis!

## Internationaler Führerschein

Planst du im Urlaub ein Fahrzeug zu mieten, benötigst du in vielen Ländern außerhalb der EU einen internationalen Führerschein. Hast du diesen nicht, kriegst du oft dennoch das Fahrzeug ausgehändigt, riskierst aber Strafen bei einer Polizeikontrolle.

Um diese zu umgehen, kannst du dir im Vorfeld relativ leicht einen internationalen Führerschein in Deutschland besorgen. Verfügst du über einen deutschen Kartenführerschein, kannst du direkt zum Kreisverwaltungsreferat oder Rathaus deiner Stadt gehen. Der internationale Führerschein kann gegen eine kleine Gebühr (ca. 16 €) direkt am selben Tag ausgestellt werden. Bei ausländischen Führerscheinen können die Gebühren und Prozeduren variieren.

## Versicherungen

Generell bin ich kein Freund von Versicherungen. Oft gibt es kleingedruckte Ausnahmen die nicht inklusive sind und es kann lange dauern bis die Versicherung die Kosten im Schadensfall übernimmt. Aber manche Dinge können während deiner Reise richtig teuer werden, dazu gibt es verhältnismäßig günstige Versicherungen, die dein Risiko minimieren. Ich schlage dir vor über folgende Versicherungen nachzudenken, da ich diese selbst je nach Situation buche.

### Auslands- Reisekrankenversicherung

Stell dir vor du bist im Ausland unterwegs und du erkrankst oder verletzt dich. In Deutschland würde in diesem Falle deine Krankenkasse für die Behandlung aufkommen. Wie ist das aber im Ausland? Die gesetzliche Krankenkasse übernimmt die Behandlungskosten nur, falls mit diesen ein Sozialversicherungsabkommen besteht. Du kannst dies hier nachsehen: www.dvka.de/de/versicherte/touristen/touristen.html

So ein Abkommen besteht nur mit relativ wenigen Ländern. Die Leistung beschränkt sich auf die Kostenübernahme, die den gesetzlich Versicherten im jeweiligen Urlaubsland auch zustehen. Der Standard kann deutlich unter dem in Deutschland liegen und für eine angemessene Behandlung entstehen oft Zusatzkosten, welche nicht von der Krankenkasse übernommen werden.

Ich empfehle daher den Abschluss einer Auslands-Reisekrankenversicherung. Der generelle Ablauf im Falle einer Behandlung ist folgendermaßen:

1. Du gehst in Vorleistung und lässt dir die Belege geben;
2. Diese reichst du bei deiner Rückkehr ein;
3. Die Versicherung erstattet dir den Betrag.

Wichtige Punkte bei der Versicherung sind der Rücktransport im Krankheitsfall, keine Selbstbeteiligung und das Leistungsspektrum. Es ist auch zu beachten wie viele Tage Auslandsaufenthalt in der Police abgedeckt sind.

Wie schon angesprochen, kann bei der Reisebuchung mit der Kreditkarte bereits eine Versicherung inklusive sein. Dennoch sollten hier die Konditionen geklärt werden, um bei Bedarf eine zusätzliche Versicherung im Vorfeld der Reise abzuschließen. Eine Auslands-Reisekrankenversicherung kann auch abgeschlossen werden, falls bereits eine Versicherung durch die Kreditkarte besteht.

Die Kosten für eine Auslandskrankenversicherung sind sehr gering. Ich bezahle ca. 20 € pro Jahr. Damit ist diese Versicherung günstig und würde sich in der Regel schon bei einer Behandlung im Ausland pro Kalenderjahr rechnen. Der Mehrwert ist meiner Meinung nach auf jeden Fall vorhanden.

Diese Versicherung kannst du übrigens auch noch 1-2 Tage vor der Abreise abschließen. Wichtig ist nur, dass der Versicherungsbetrag vor Reiseantritt beglichen ist. Nur so hast du vollen Versicherungsschutz.

## Reiserücktrittsversicherung

Im Kapitel Flugbuchung finden sich bereits einige Informationen über die Reiserücktrittsversicherung. Kannst du den Flug nicht antreten, deckt diese einen Anteil der Reisekosten ab. Welche Gründe einen Rücktritt rechtfertigen, hängt jedoch von den Konditionen ab. Du kannst eine abschließen, wenn du möchtest, ich halte es jedoch nicht für notwendig.

## Impfungen

Je nach Reiseland können in Deutschland wenig bekannte Krankheiten dort verbreitet sein. Deshalb ist eine Impfung gegen diese in Erwägung zu ziehen. Konsultiere vor deiner ersten Reise in ein exotisches Land einen Tropenarzt in deiner Nähe. Auch solltest du daran denken länger als 10 Jahre zurückliegende Impfungen aufzufrischen. Welche konkreten Impfungen für dein Reiseland empfohlen werden, kannst du ebenfalls auf der Seite des Auswärtigen Amtes nachlesen.

Mit den Impfungen sollte spätestens 4-6 Wochen vor Reisebeginn angefangen werden, da die Mindestabstände bei mehreren Impfungen sonst unterschritten werden würden. Generell kann dich dein Arzt zum Thema Impfungen umfassend beraten.

Gegen manche Krankheiten wie z.B. Malaria gibt es keine Impfung, sondern nur eine medikamentöse Prophylaxe oder Standby-Medikamente. Hier können jedoch oft Nebenwirkungen auftreten.

So gut eine erfolgte Immunisierung im Notfall auch sein kann, viel wichtiger ist eine Prophylaxe. Schützt du dich beispielsweise mit langer Kleidung und Moskitospray vor Stichen, ist die Wahrscheinlichkeit einer Ansteckung mit Malaria schon deutlich reduziert. Der beste Schutz vor Tollwut ist, dich aggressiven Tieren gar nicht erst zu nähern und so einen Biss zu verhindern. Triff entsprechende Vorsichtmaßnahmen und du minimierst die Gefahr mit einfachen Mitteln!

Letzten Endes ist es deine Entscheidung, ob du dich impfen lassen möchtest, die Prophylaxe Medikamente nimmst oder dich wegen der Nebenwirkungen dagegen entscheidest. Ich persönlich nehme keine Malaria-Tabletten, sondern schütze mich durch vorbeugende Maßnahmen vor Stichen. Ich kenne Reisende denen es durch die Tabletten schlecht ging und die einige der abschreckenden Nebenwirkungen auf dem Beipackzettel durchmachen mussten.

Vor der Reise

## Packliste

Du hast die Vorbereitungen vom letzten Kapitel hinter dir? Gratulation – Der erste Schritt ist getan! Nun stehst du vor der nächsten Frage: „Was soll ich überhaupt in den Urlaub mitnehmen?" Schließlich möchtest du ja nichts vergessen. Andererseits kannst du nicht deinen kompletten Kleiderschrank mitnehmen. Keine Angst – Hier gebe ich dir eine Anleitung was für deinen Urlaub wichtig sein wird. Am besten beschäftigst du dich spätestens 2 Wochen vor Reisebeginn mit der Packliste. So hast du ausreichend Zeit fehlende Ausrüstungsgegenstände zu besorgen.

## Backpack vs. Koffer

Der wichtigste Punkt überhaupt, denn hier entscheidet sich wo du deine Sachen verstaust. Du fragst dich bestimmt warum du einen Backpack mitnehmen solltest, wenn deine Sachen doch auch im Koffer gut aufgehoben wären. Da hast du natürlich Recht. Im Koffer oder Trolley sind deine Klamotten gut geordnet und du kannst schnell auf sie zugreifen. Und mit Rollen lässt sich alles doch bequem transportieren oder? Das ist nur der Fall, falls es so schöne Straßen gibt, wie wir es gewohnt sind. Die Realität sieht aber oft anders aus. Stell dir vor du landest mit dem Boot am Strand und musst deinen Trolley durch den Sand ziehen oder tragen. Das ist richtig ätzend. Oder vor Ort gibt es nur Motorradtaxis und du musst deinen schweren Koffer die ganze Fahrt in der Hand halten. Aber auch einfach nur das Hinterherziehen auf schlechten Fußwegen ist sehr anstrengend. Sofern Gehwege überhaupt vorhanden sind, haben diese, öfters mal Löcher, was den Transport von Trolleys erschwert.

Den Backpack trägst du dagegen auf dem Rücken und bist dadurch sehr flexibel. Es ist dir schlichtweg egal, welcher Untergrund sich unter deinen Füßen befindet. Du läufst einfach darüber und dein Gepäck mit dir. Stell dir vor du möchtest eine längere Outdoortour unternehmen, wie z.B. Dschungel-Trekking. Hier ist es durch Wurzeln, Gefälle und Untergrund einfach unmöglich einen Koffer mitzunehmen. Mit einem Backpack kannst du jedoch immer problemlos losziehen.

Deshalb: Planst du einen entspannten Urlaub in hochpreisigen Gegenden, wie z.B. einen Wellness-/ Luxusurlaub oder möchtest du nur an einem Ort zu bleiben? Hast du vor, dir über die gesamte Reise einen Mietwagen/Camper zu nehmen? Dann ist der Trolley die optimale Wahl für dich. Dann hättest du aber dieses Buch nicht in den Händen! Du willst Abenteuer und Abwechslung! Deine Reise wird flexibel und abwechslungsreich. Also nimm dir deinen ebenso flexiblen und anpassungsfähigen Freund namens Backpack mit!

Kannst du dich immer noch nicht zwischen Trolley und Backpack entscheiden? Es gibt auch Hybrid Systeme. Das sind dann Trolleys mit Tragesystemen für den Rücken. Mit diesen kannst du auch kurze Strecken auf dem Rücken zurücklegen, aber häufig bieten sie nicht den Tragekomfort eines normalen Backpacks und sind teuer.

Wie findest du nun einen geeigneten Backpack?

## Vor der Reise

Du solltest dir vorher darüber im Klaren sein wofür du ihn verwendest. Hast du ihn nur wenige Minuten auf dem Rücken, um von einer Unterkunft zum Taxi zu kommen oder willst du längere Wanderungen damit unternehmen?

Ich empfehle dir einen Rucksack zu kaufen, der möglichst vielseitig ist. Denn schließlich wirst du ihn mehrere Jahre haben und kannst noch nicht wissen wie du ihn letzten Endes nutzen wirst. Da es hier wirklich viele Dinge zu beachten gibt und der Tragekomfort sehr wichtig ist, empfehle ich dir dich in einem Fachgeschäft beraten zu lassen. Du solltest den Rucksack unbedingt anprobieren um zu testen, ob er sich angenehm tragen lässt. Als Fachgeschäfte kann ich dir Globetrotter, Decathlon und lokale Outdoor-Geschäfte als Anlaufstelle nennen.

Hier die wichtigsten Dinge auf die du bei der Rucksackwahl achten solltest:

- Größe: 50-75l

Die Größe hängt natürlich von dir ab. Zierliche Personen sollten tendenziell einen kleineren Rucksack wählen als große Menschen. Je größer der Rucksack desto schwerer ist er. Aber natürlich hast du dann auch mehr Platz. Das heißt allerdings nicht, dass du den Rucksack schon auf der Hinreise bis oben hin vollstopfen musst. Ich packe ihn nur ca. halb voll. Das hat den Vorteil, dass du nicht den kompletten Inhalt ausräumen musst, um an ein Kleidungsstück zu kommen. Bei manchen mehrtätigen Touren wirst du einen Teil des

Kochgeschirrs und Vorräte selbst tragen müssen. Da ist ein großer Backpack ratsam.

Selbst wenn der Rucksack während der Reise nur halb voll ist, bin ich immer froh noch Platz zu haben. Denn kurz vor meiner Rückreise fülle ich den restlichen Platz mit Souvenirs und Geschenken auf.

- Polsterung

Für einen vielseitigen Einsatz sind atmungsaktive Hüft-, Rücken- und Schulterpolster wichtig. Du wirst den Unterschied bei längeren Wanderungen spüren.

- Tragekomfort

Du solltest den Rucksack so einstellen können, dass du bequem damit laufen kannst. Es sollte dir möglich sein, das meiste Gewicht auf die Hüften zu verlagern und die Schultern weitestgehend zu entlasten.

- Ausreichend Taschen und Fächer

Das hilft dir Ordnung in deinem Rucksack zu bewahren und Dinge schnell wiederzufinden. Vor allem Außentaschen sind wichtig. Dort kannst du Dinge verstauen die du immer wieder benötigst und musst nicht erst den Rucksack ausräumen, um Zugriff darauf zu haben.

- Beladungsstil

Klassische Rucksäcke kannst du nur von oben beladen. Neuere Systeme ermöglichen es dir auch den Rucksack wie eine Sporttasche zu packen. Der Vorteil liegt auf der Hand: Du kannst schnell an den Inhalt kommen ohne den Rucksack von oben zu durchwühlen. Das ist ein netter Bonus, aber kein entscheidendes Auswahlkriterium.

- Material

Wichtig ist, dass wasserabweisendes Material verarbeitet wurde. Denn sonst wird bei jedem kleinen Regenschauer dein kompletter Rucksack mitsamt Inhalt nass. Das ist wirklich nervig. Ich empfehle dir auf alle Fälle zusätzlich einen Regenschutz für den Rucksack mitzunehmen, damit ist dein Backpack bei Regen oder Schifffahrten besser geschützt.

- Farbe

Du solltest bedenken, dass dein Backpack dreckig werden kann. Deshalb empfehle ich dunklere Farben wie grün, schwarz, braun oder dunkelblau.

Falls du die Investition für einen Rucksack bei deiner ersten Reise noch nicht tätigen möchtest, kannst du auch gerne Freunde oder Familie mit ähnlicher Statur fragen, ob sie dir einen Rucksack ausleihen. So sammelst du Erfahrung und kannst dann bei deinem nächsten Abenteuer einen passenden Rucksack kaufen.

## Backpackinhalt

Jetzt kommen wir zu dem wichtigsten Teil für deine Reise. Was solltest du an Ausrüstung mitnehmen? Glaube mir, generell geht die Tendenz dahin viel zu viel mitzunehmen. Am Ende marschierst du wie ein armer Packesel mit einem 20 kg schweren Rucksack durch die Welt.

**So schwer beladen willst du nicht durch die Gegend laufen.**

Diesen Fehler habe ich auch gemacht. Aber dann habe ich entscheidende Dinge und Packprinzipien gelernt, die ich dir hier gerne weitergeben möchte.

## Vor der Reise

Das Wichtigste zuerst: Versehe dein Gepäck immer mit einem Gepäckanhänger an dem dein Name, sowie deine Mobiltelefonnummer steht. Sollte einmal etwas mit dem Gepäck passieren, erhöhst du die Chance, dass du es wiederbekommst. Nun zu den konkreten Tipps.

Der entscheidende **Tipp Nr. 1**: Gehe nach dem Zwiebelprinzip vor. Lieber mehrere Teile übereinander ziehen als schwere dicke Kleidung mitzunehmen. Das hilft dir Kleidung zu sparen.

**Tipp Nr. 2**: Packe lieber für eine Woche und wasche mehrmals als Kleidung für mehrere Wochen mit dir rumzuschleppen. Es gibt Waschmittel in der Tube für eine einfache Handreinigung in der Dusche oder im Waschbecken. Alternativ gibt es auch Waschsalons oder -Services.

**Tipp Nr. 3**: Wähle geeignete Farbkombinationen schon zu Hause, so vermeidest du „extravagante" Farbkombinationen. Nein, Neongrün und Gelb sind keine schöne Kombination. ☺

**Tipp Nr. 4**: Verzichte auf weiße Klamotten! Weiße Kleidung bleibt auf der Reise nicht lange weiß, sondern wird schnell fleckig. Das sieht richtig doof aus. Wähle daher lieber farbige Kleidung.

**Tipp Nr. 5**: Falls du dir nicht sicher bist, ob du es brauchst, dann brauchst du es nicht. Packe es also gar nicht erst ein. Ansonsten wiegt dein Rucksack locker 20 kg. Notfalls kannst du dir Ausrüstung vor Ort leihen oder kaufen.

**Tipp Nr. 6**: Du brauchst nicht das ultimative High End Equipment für viel Geld. Das brauchen vielleicht Leute die den Mount Everest besteigen. Gute und günstige Alternativen sind eher das wonach du suchst. Mit dem gesparten Geld kannst du dir eine weitere Reise finanzieren!

Hier gebe ich dir meine typische Basis Packliste an die Hand, die du gerne erweitern kannst. Mit diesen Sachen komme ich vier Wochen oder länger aus. Am besten legst du die Sachen erstmal vor dir aus bevor du sie einpackst.

## Basis Packliste

1. Unterwäsche und Socken für sieben Tage;
2. 1 Paar bequeme Schuhe die sich auch zum Ausgehen eignen;
3. 1 Paar Flip Flops;
4. 1-2 x lange Hose (Jeans);
5. 4 x T-Shirts;
6. 1 x leichte Regenjacke;
7. 1 x Pullover;
8. 1 x Hemd/Kleid (für schickere Anlässe);
9. 1 x Sonnenbrille;
10. Sonnencreme;
11. 1 x Reiseführer;
12. 1 x Mikrofaserhandtuch groß;
13. 100-200 € Bargeldreserve;
14. 1 x Kamera + Speicherkarten + Ladegerät;

Vor der Reise

15. 1 x simlockfreies Handy + Ladekabel;
16. 1 x Stift und Papier (Notizen);
17. 1 x Kulturbeutel mit Drogerieartikeln in Reisegröße;
18. Hygieneartikel;
19. 1 x Reiseapotheke;
20. Plastiktüten zum Ordnen deiner Sachen und für schmutzige Wäsche;
21. 1 x Turnbeutel;
22. Kopien von wichtigen Dokumenten;
23. Taschenmesser (nicht ins Handgepäck);
24. Optional: Actionkamera;
25. Optional: Geldgürtel;
26. Optional: Zweitportmonnaie;
27. Optional: Passbilder (evtl. für Visa benötigt);
28. Optional: Regenschutzhülle für den Rucksack;
29. Je nach Region: Moskitospray (Authan).

Wenn kalte Regionen:

- Thermounterwäsche;
- Fleecepullover;
- Wanderstiefel;
- Optional: Winterjacke.

Wenn andere Steckdosen:

- 1 x Reiseadapter.

Wenn Übernachtungen in Hostel geplant:

- 1 x Vorhängeschloss.

Wenn Wanderungen/ Outdooraktivitäten, dann zusätzlich:

- 1 x Wanderschuhe;
- 1 x Zip – Trekkinghose (abnehmbare Beine);
- 1 x Wandershirt;
- Kopfbedeckung.

Wenn Strand-Urlaub dann zusätzlich:

- 1 x Badesachen;
- 1-2 x kurze Hosen;
- 1x wasserdichte Handyhülle (auch für Geld).

Wenn mehrtägige Outdoor-Abenteuer zusätzlich:

- Powerbank/ Zusätzliche Akkus/ Batterien;
- Stirn-/ Taschenlampe;
- Breitband Antibiotika;
- Wasserentkeimungstabletten;
- Optional: Schlafsack und Isomatte;
- Optional: Zelt (nur für selbst organisierte Wanderungen ohne Unterkunft. Eher nicht zu empfehlen, da schwer und sperrig).

Wenn Urlaub länger als 1 Woche:

- Optional: Reisewaschmittel.

Wenn Couchsurfing dann:

- Gastgeschenke (Gummibärchen kommen meiner Erfahrung nach gut an).

Überlegst du ein Zelt, Kochausrüstung etc. mitzuschleppen? Mach das nur, wenn du vorhast, dies für einen Großteil der Reise zu nutzen. Sonst ist Leihen vor Ort die bessere Alternative. Denk daran: Du schleppst nicht deinen kompletten Hausstand mit dir herum. Falls doch hast du falsch gepackt. ☺

Wie packst du diese Sachen nun geschickt, so dass du schnell an die wichtigen Dinge herankommst und der Rucksack ausgewogen ist?

**Tipp Nr. 7**: Die schweren Sachen werden so weit unten wie möglich im Rucksack platziert. Warum? Hast du schwere Sachen oben im Rucksack, wirst du merken wie der Rucksack sich schwerer anfühlt und dazu neigt zu kippen. Generell lässt er sich unbequemer tragen. Das Entscheidende ist der Schwerpunkt des Rucksacks. Er sollte so tief wie möglich liegen, damit der Rucksack angenehm sitzt und nicht kippt.

**Tipp Nr. 8**: Es gibt Dinge die du häufiger benötigst als andere. Dazu gehört dein Kulturbeutel. Packe diese Sachen so, dass du schnellen Zugriff darauf hast, wie z.B. in der Nähe eines Reisverschlusses. Es macht keinen Sinn diese tief im Rucksack zu verstauen und dann immer erst den kompletten Rucksackinhalt auszuräumen, um an sie zu kommen. Praktisch sind hierbei auch Kopf- oder Seitentaschen an deinem Rucksack.

**Tipp Nr. 9**: Packe alle Flüssigkeiten in Plastik- oder andere wasserdichte Beutel. Ich spreche aus Erfahrung, wenn ich dir diesen Tipp gebe: Ein Rucksackinhalt voller ausgelaufener Sonnencreme sieht nicht nur furchtbar aus, er fängt auch an unangenehm zu riechen und ist verdammt schmierig. Naja wenigstens gibt es dann extra Sonnenschutz.

**Tipp Nr. 10**: Organisiere deine Sachen thematisch in farblich unterschiedlichen Plastiktüten. Wähle z.B. einen Beutel für Elektronik. Mit dieser Methode hast du die gewünschten Sachen schneller parat.

**Tipp Nr. 11**: Rolle deine Klamotten. Das spart Platz und du kannst entsprechende Kleidung gezielt entnehmen, ohne andere Kleidungsstücke zu zerknittern.

**Extratipp für Frauen**: In vielen Schwellen-/ und Entwicklungsländern gibt es Hygieneartikel nicht in der gewohnten Qualität. Deshalb nehmen die meisten reisenden Frauen Damenhygieneartikel (Tampons, etc.) auf Vorrat von Zuhause mit.

Hast du richtig gut gepackt, wiegt dein Rucksack unter 10 kg. Aber auch wenn du mehr eingepackt hast, ist das nicht so schlimm. Du wirst mit jeder Reise dazulernen und wissen was wirklich nötig ist und was nicht.

Gibst du zusätzliches Gepäck auf, empfehle ich dir einen **Rucksack für das Handgepäck** mitzunehmen.

**In diesen Rucksack packst du alles Essentielle und Kostbare.** Darunter fallen elektronische Geräte, Originale von wichtigen Dokumenten, Bargeldreserven, Portemonnaie und dergleichen. Kopien und Originale solltest du in unterschiedlichen Rucksäcken aufbewahren, nur für den Fall, dass dir einer abhandenkommt. Auf den Rucksack mit den wichtigen Dingen solltest du besonders Acht geben und ihn eher auf deiner Vorderseite als auf deiner Rückseite tragen. Denn deine Rückseite ist oft unbeobachtet und geschickte Diebe könnten dir den Inhalt deines Rucksacks stehlen, ohne dass du es in diesem Moment bemerkst. Bist du mit deinem großen Rucksack und deinem kleinen Rucksack unterwegs, so trägst du den großen wie gewohnt auf dem Rücken und den kleinen auf deiner Bauchseite.

Achte bei der Rucksackauswahl auf die Handgepäckmaße der Airlines. Diese findest du auf der Website der Fluggesellschaft.

Alternativ hat folgende Webseite eine Auflistung der Handgepäckmaße aller Airlines: www.hand-gepaeck.de/masse-und-gewicht (ohne Gewähr). Die Maße variieren von Airline zu Airline. Der kleinste gemeinsame Nenner ist 50 x 35 x 20 cm (Stand 2019).

Rucksäcke sind generell flexibler als Koffer. Daher haben diese notfalls auch einige Zentimeter Spielraum, falls eine Handgepäcksgrößenkontrolle durchgeführt werden sollte.

Ich habe dir den Tipp gegeben einen Turnbeutel mitzunehmen. Der Sinn dahinter ist, dass du bei kurzen Ausflügen, wie Stadterkundungen oder Strandbesuchen schnell die benötigten

Dinge in ihn packen kannst. So kannst du deinen großen Backpack im Zimmer stehen lassen, den kleinen Rucksack mit den teuren Dingen im Safe einschließen und nur die essentiellen Gegenstände für deinen Ausflug mitnehmen. Hast du beispielsweise keinen Turnbeutel oder keine Tasche dabei, musst du erst den gesamten Rucksackinhalt ausräumen und im Safe verstauen, denn du willst diesen ja nicht unnötig mit dir herumtragen oder? Der Turnbeutel spart dir Zeit und er ist zudem so leicht und handlich, dass du ihn locker überall verstauen kannst.

Du fragst dich vielleicht für was die wasserdichte Hülle ist? Darin kannst du ganz einfach deine Wertsachen mitnehmen und brauchst keine Angst haben, dass dir etwas geklaut wird während du im Wasser bist. Glaub mir, es macht das Baden so viel entspannter, wenn du nicht dauernd zurück zum Ufer blicken musst, um zu schauen, ob jemand an deine Sachen geht!

Der Geldgürtel und das Zweitportemonnaie sind optionale Sicherheitsmaßnahmen. Andere Backpacker bevorzugen auch Bauchtaschen oder Brusttaschen. Ich finde diese aber störend. Ein Geldgürtel sieht von außen aus wie ein normaler Gürtel, hat aber auf der Innenseite einen Reißverschluss. Ich trage auf Reisen einen solchen Gürtel mit meiner Bargeldreserve. Wozu das zweite Portemonnaie gut ist, erfährst du im Kapitel Sicherheit.

Bei der Wahl deines Kulturbeutels empfehle ich dir einen mit einem Haken zum Aufhängen zu wählen. Außerdem sollte ein Fach durchsichtig sein. Damit kannst du deine Drogerieartikel in

Reisegröße am Flughafen im Kulturbeutel lassen und musst sie nicht erst in durchsichtige Beutel umpacken. So kannst du die Dinge auch ins Handgepäck nehmen, um auf dem Flug z.B. Zähne zu putzen.

Achte darauf, dass dein Handy simlockfrei ist. Zur Not frage in einem Fachgeschäft nach. Denn nur mit so einem Handy kannst du ausländische SIM-Karten benutzen.

Hier noch Dinge die du nicht unbedingt brauchst, aber die ganz angenehm sind:

- Schlafmaske;
- Ohrenstöpsel;
- Aufblasbares Nackenkissen;
- 1 Rolle Klopapier für Notfälle.

Ja es kann passieren, dass auf öffentlichen Toiletten oder in Gemeinschaftsunterkünften das Klopapier leer ist. Mit einer Notfallrolle bist du für solch eine Situation gewappnet.

Mit diesen Tipps bist du nun optimal ausgestattet. Falls dir noch Equipment fehlt, kannst du es noch entspannt vor deiner Reise beschaffen.

Dein Rucksack ist gepackt und du hast das Gefühl etwas vergessen zu haben? Das Gefühl habe ich auch jedes Mal. Und es ist völlig normal. Was du unbedingt dabeihaben solltest ist dein Handy, deine Kreditkarten und dein Reisepass/ Personalausweis. Der Rest ist nicht so wichtig. Solltest du etwas nicht eingepackt haben, kannst du es vor Ort immer noch kaufen.

Top 3 Checkliste:

- Reisepass/ Personalausweis;
- Kreditkarten;
- Handy.

Nun gehen wir noch detaillierter auf die einzelnen Ausrüstungsgegenstände ein.

## Reiseapotheke

Auch wenn ich es für dich nicht hoffe: Es kann sehr schnell passieren, dass dein Magen einmal etwas nicht verträgt oder du dich geringfügig verletzt. In diesem Fall wirst du froh sein, wenn du entsprechende erste Hilfe Maßnahmen einleiten kannst.

Deshalb empfehle ich dir immer eine Reiseapotheke mit mindestens folgenden Sachen mitzunehmen:

- Anti-Durchfallmittel;
- Magentropfen gegen Übelkeit;
- Desinfektionsspray;
- Pflaster;
- Wundverband;

- Fiebersenkende Schmerzmittel;
- Persönliche Medikamente (beispielsweise Asthmaspray, Verhütungsmittel etc.);
- Optional: Tabletten gegen Seekrankheit.

Mit diesen Sachen bist du gegen die am häufigsten auftretenden Probleme gewappnet. Sollten ernstere Verletzungen oder Krankheiten auftreten, suche bitte einen Arzt oder ein Krankenhaus auf.

Handle nach dem Motto: „Better safe than sorry".

Falls du eine Reiseapotheke von deiner letzten Reise wieder benutzen möchtest, achte auf das Ablaufdatum der Medikamente. Diese werden nicht automatisch schlecht, verlieren aber ihre Wirksamkeit. Tausche abgelaufene Medikamente aus. Schließlich bringt es dir nichts, wirkungslose Anti-Durchfalltabletten zu nehmen und dann trotzdem die ganze Zeit auf der Schüssel zu sitzen, oder?

Warum du auch auf kleine Verletzungen achten solltest, erfährst du in der folgenden Geschichte.

*Exkurs Thailand:*

*Im Frühjahr während der Semesterferien, war ich mit meinem Studien-Kumpel Ronny vier Wochen in Thailand unterwegs. Am Anfang unserer Reise beschlossen wir den Erawan Nationalpark mit seinen Wasserfällen zu besuchen. Diese waren auch faszinierend. In den vielen Wasserbecken schwammen neben uns ganz viele Fische.*

*Ich bekam einen richtigen Schock als ich spürte wie mein Fuß von etwas attackiert wurde. Um mich herum hörte ich überraschte Aufschreie. Es waren die Fische die an unseren Füßen knabberten! Es war aber alles harmlos, da es prinzipiell nichts anderes war als in den Fisch-Spas. Wir bezahlten nur nicht explizit Geld dafür. Mit diesem Wissen war es ein lustiger Anblick, das Geschehen von Land aus zu beobachten. Wir rutschten im Nationalpark natürliche Wasserrutschen herunter und badeten in den meisten der Becken. Während wir badeten meinte mein Kumpel Ronny, dass er sich wahrscheinlich gerade am Fuß gestoßen hatte. Als wir uns den Fuß näher anschauten sahen wir, dass es wohl kein bloßes Anstoßen war, denn es zeichneten sich zwei Punkte ab. Es sah eher aus wie ein Biss! Ronny ging es weiterhin gut und er beschloss erstmal nichts zu unternehmen.Wir setzten unsere Reise wie geplant mit dem Nachtbus fort. Am nächsten Morgen war der Fuß so stark angeschwollen, dass er in keinen Schuh mehr passte und taub war! Also fuhren wir direkt zum nächsten thailändischen Krankenhaus. Es war spannend das Geschehen und die Fragen des Arztes auf Englisch zu beantworten. Er inspizierte den Fuß und meinte letztendlich: „Es ist definitiv ein Biss einer giftigen Wasserspinne. Sie haben Glück, dass Sie jung und in einem guten Gesundheitszustand sind. Alte Leute wären an diesem Biss gestorben." Wir waren schockiert. Ronny bekam eine Infusion im Wartezimmer. Als wir warteten klingelte sein Telefon – es war seine besorgte Mutter die nach seinem Befinden fragte, und dass obwohl wir ihr gar nichts von der Verletzung gesagt hatten! Das sind wohl einfach die Mutterinstinkte. Ronny meinte nur es gehe ihm gut und sie braucht* sich keine Sorgen machen – der aktuelle Anblick im Krankenhaus sprach andere Bände, aber hey, wenigstens war die Mutter nicht besorgt. Schließlich wurde der Fuß durch die Behandlung wieder besser und wir konnten unsere Reise fortsetzen. Eines aber haben wir gelernt:

**Inspiziere jede Wunde und gehe so schnell wie möglich zum Arzt, wenn dir etwas seltsam vorkommt! „Better safe than sorry"! Letztendlich hatten wir nur Glück.**

## Reiseführer

Was bringt dir ein Reiseführer und was sollte er können? (Wir reden hier über ein Buch nicht über eine Person). Brauchst du überhaupt einen?

Eines sei im Vorfeld gesagt. Ein Reiseführer ist nur ein Ratgeber und keine dogmatische Schrift, an die du dich zwingend halten musst. Ein Reiseführer sollte dir einen schnellen Überblick über Sehenswürdigkeiten, Transportmöglichkeiten, Unterkünfte, Restaurants und Infrastruktur einer Region verschaffen. Dazu sollte er dir Tipps und Infos zu Gebräuchen, Feiertagen, Preisen und Reisezeiten geben. Natürlich könntest du diese Informationen auch mühsam im Internet zusammensuchen. Aber hast du die Muse dazu, wenn es auch einfacher geht? Ich empfehle dir einen Reiseführer für deine Zielregion mitzunehmen. Damit hast du alle Informationen in kompakter Form bei dir.

Reiseführer gibt es wie Sand am Meer. Was solltest du beim Kauf beachten? Es ist extrem wichtig, dass du schnell damit zurechtkommst. Niemand hat Lust sich ewig einzulesen. Hast du ihn das erste Mal in der Hand, muss er dich ansprechen und du solltest ihn intuitiv bedienen können. Ein dickes Plus ist eine kurze Darstellung von den Highlights des jeweiligen Landes und mögliche Reiserouten inklusive angegebener Reisedauer.

Extrem wichtig ist, dass der Reiseführer so aktuell wie möglich ist. Orte verändern sich schnell. Dies gilt vor allem für Restaurants und Hotels, aber auch für den Transport. Dein Reiseführer bzw. die aktuellste Auflage sollte also maximal zwei Jahre, besser ein Jahr oder weniger alt sein. Woher weißt du wie alt der Reiseführer ist? Du findest das Veröffentlichungsdatum des Buches entweder auf der ersten Seite oder am Ende im Impressum.

Viele schwören auf einen bestimmten Reiseführer, wie z.B. Lonely Planet oder Stefan Loose. Der Vorteil ist, dass es Bücher einer Reihe über eine Vielzahl von Ländern gibt. Diese haben denselben Aufbau, was es leicht macht intuitiv mit weiteren Büchern der Reihe zurechtzukommen.

In der Regel nutze ich den Reiseführer nur für die grobe Planung, beispielsweise um mir Infos zu Busverbindungen zwischen Städten, Sitten und Sehenswürdigkeiten anzulesen.

*Erfahrungsbericht: Warum du keinen veralteten Reiseführer nutzen solltest!*

Vor der Reise

*Vor meiner Reise nach Jordanien und Israel habe ich nach einem aktuellen Reiseführer gesucht. Leider war die neueste Ausgabe des Lonely Planet (sogar englisch) über zwei Jahre alt. Ich dachte mir naja, besser als keiner und habe ihn gekauft. Das hat dann zu seltsamen Situationen geführt. Beispielsweise wollte ich mit dem Bus von Jerusalem ans tote Meer fahren. Also bin ich an der Haltestelle beim ersten Badeort ausgestiegen, wie es der Reiseführer empfohlen hat. Die Umgebung sah verlassen aus und außer mir verließ nur eine weitere Person den Bus. Deren Ziel war aber irgendein Nationalpark in der Nähe. Da es keine Beschilderung gab, habe ich mich mit Hilfe von Google Maps orientiert. Der Zaun und die Straßensperrung mit der Aufschrift „do not enter" waren mir sehr suspekt. Naja, ich wollte ans tote Meer also lief ich einfach weiter. Der riesige Felsblock der auf den Gehweg gerollt war und die Straßenblockade aus Bauschutt haben mich dann doch etwas stutzig gemacht. Aber hey, das Meer war bestimmt nicht mehr weit. Der Reiseführer hatte ja einen kleinen schnuckeligen Badeort versprochen. Ich kam dann an und wurde mit der Realität konfrontiert. Der Ort war eine Ansammlung von Häusern mit zugemauerten Türen und Fenstern, einer verlassenen Tankstelle und einem Haufen Müll. Ich fand einen Waschraum und Umkleidekabinen, Wasser und Strom waren leider komplett abgestellt. Das Ganze erinnerte eher an einen Zombieapokalypse-Film als einen Badeort. Ich lief dann Richtung Strand, da sah ich ein Schild mit der Aufschrift „beware of the pit holes". Toll, nicht sichtbare Löcher im Boden gab es auch noch. Ich beschloss das Risiko in ein Loch zu fallen und im nirgendwo bei lebendigen Leibe vergraben zu werden nicht auf mich zu nehmen.*

*Stattdessen lief ich in praller Mittagssonne bei 40 Grad wieder zurück zur Bushaltestelle. Gott sei Dank kam gerade ein Bus und ich fragte den Busfahrer nach einem richtigen Badeort. Dort kam ich letztendlich auch an und es war eine sehr lustige Erfahrung im Toten Meer zu schwimmen, wo man nicht untergehen kann. Eine Sache habe ich aus der Geschichte gelernt: **Traue nie einem alten Reiseführer und frage lieber die Leute vor Ort.***

**Tipp:** Möchtest du Gewicht sparen, kannst du dir einen Reiseführer in elektronischer Form besorgen. Das ist z.B. praktisch, wenn du sowieso einen E-Reader dabei hast.

## Fotoequipment

Manche sagen: „Ich genieße jeden Moment und speichere die Fotos in meinem Kopf!" Das ist schön und gut – aber versuche mal diese Bilder detailliert zu beschreiben, wenn dich jemand danach fragt? Oder was passiert, wenn die Bilder langsam in deinem Kopf verblassen, du dich aber gerne zurück erinnern willst? Da helfen dir Urlaubsbilder ungemein!

Für mich steht fest: Jeder sollte Fotos von seinen Reisen machen, aber auch nicht vergessen den Moment zu genießen.

Was du für ein Equipment für deine Reise nimmst, ist sehr individuell. Am besten lässt du dich von Freunden, angehenden Fotografen oder netten Verkäufern beraten.

Natürlich kann dein Smartphone auch schöne Schnappschüsse machen. Allerdings wirst du merken: Willst du ein Urlaubsbild auf Leinwand drucken oder näher ran zoomen, wird das Bild verpixelt erscheinen.

Bringe deshalb eine richtige Kamera auf deine Reise mit und mache dich vorher schon mit ihr vertraut. Es gibt natürlich eine Riesenauswahl an Kameras da draußen. Auf was solltest du nun achten?

Die perfekte Kamera für dich wäre ein leichter, günstiger Alleskönner. Aber es wird unwahrscheinlich sein diese zu bekommen. Deshalb achte auf diese Kriterien:

- Gewicht – je leichter desto besser;
- Größe – je kompakter desto besser;
- Langlebiger Akku;
- Großer optischer Zoombereich;
- Großer ISO-Bereich für unterschiedliche Lichtverhältnisse;
- Mindestens 10 Megapixel;
- Weitwinkelfunktion für Landschaftsbilder;
- Robustheit;
- Einfache Bedienbarkeit;
- Optional: Wasserdichtheit.

Achte beim Kauf einer Kamera auf diese Kriterien, wenn du dich von einem Experten beraten lässt. Es wird kaum eine Kamera geben die in allen Bereichen perfekt ist, aber das muss sie auch nicht sein. Eine gute Kamera reicht vollkommen. Ich nutze aktuell die Sony Alpha 6000 und bin zufrieden damit.

Planst du actionreiche Dinge zu unternehmen, bei denen du keine Hand frei hast, nimm dir noch eine wasserdichte Actionkamera und entsprechende Halterungen mit. So kannst du auch Aufnahmen beim Schnorcheln, Kitesurfen, Mountainbiken, Skifahren etc. machen. Deine Freunde und Familie sollen schließlich nachempfinden können, was du für Abenteuer hinter dir hast. ☺

**Ein wichtiger Tipp**: Gehe mit leeren Speicherkarten in den Urlaub! Das gilt sowohl für deine Kameras wie auch für dein Handy! Nicht, dass du keine Fotos mehr machen kannst, weil du dich weigerst alte Bilder zu löschen! Sichere deshalb vorher alle Bilder extern und lösche sie anschließend auf den Kameras und Handys.

## Stromadapter

Da es weltweit unterschiedliche Netzspannungen sowie Steckdosenarten gibt, solltest du dich vor deiner Reise informieren, ob diese sich von denen in deiner Heimat unterscheiden. Es wäre ansonsten sehr ärgerlich, wenn du zum ersten Mal elektronische Geräte aufladen willst und erst zu diesem Zeitpunkt auf die Unterschiede aufmerksam wirst. Eine gute Website um dies nachzuschauen ist: www.welt-steckdosen.de.

Falls es in deinem Zielland andere Steckdosenarten gibt, dann packe dir unbedingt einen passenden Reiseadapter ein. Dieser verfügt über einen Stecker der zum Reiseland passt und eine Steckdose, die für europäische Geräte üblich ist. Damit kannst du wie gewohnt dein Ladegerät in den Reiseadapter und diesen wiederum in die Steckdose stecken.

**Tipp**: Kaufe dir einen Adapter der zu vielen unterschiedlichen Steckdosenarten der Welt passt. So brauchst du nicht für jede Reise einen neuen erwerben. Der kombinierte Adapter ist dazu günstiger als der Erwerb mehrerer einzelner Adapter für das jeweilige Reiseland.

## Die letzten Checks:

Nachdem du alles gepackt hast solltest du dich noch über folgende Dinge informieren:

- Ist eine Einreisegebühr fällig?
- Wie ist der Umrechnungskurs der lokalen Währung?
- Wie kommst du zur ersten Unterkunft?
- Gibt es aktuelle Warnungen des Auswärtigen Amtes?

So vermeidest du direkt nach der Ankunft eine Abzocke. Nachdem auch diese letzten Dinge geklärt sind, kannst du ruhigen Gewissens in dein Abenteuer aufbrechen. Du bist optimal vorbereitet.

## Auf der Reise

Du hast die Reiseplanung und die Flugbuchung nun hinter dir! Gut gemacht! Jetzt geht es daran deine Reise optimal auszukosten! Vermeide Stress – Denke daran:

Jeder Tag ist ein Geschenk!

Dieses Motto solltest du im Hinterkopf haben. Jedes Problem mag in dem Moment in dem es auftritt groß erscheinen. Doch du wirst es lösen. Deine Einstellung und die folgenden Kapitel werden dir dabei helfen.

Geh raus und genieße dein Abenteuer.

## Direkt nach der Landung

Du bist gelandet und die erste Brise warmer Luft weht dir beim Verlassen des Flugzeugs entgegen. Mit Sicherheit kannst du es gar nicht erwarten all die Dinge zu erleben die du dir vorgenommen hast. Aber wie genau solltest du jetzt erst einmal beginnen? Gehe wie gewohnt zum Gepäckschalter und hole dir deinen Backpack. Dann sollte der nächste Schritt dich erst einmal zum Geldautomaten führen. Schließlich benötigst du für die Reise lokale Währung. Umgerechnet ca. 100-200 € sollten für den Anfang reichen. Kennst du den Umrechnungskurs noch nicht, solltest du spätestens jetzt in deinem Reiseführer oder im Internet nachschauen. Hast du die Auswahl, hebe den Betrag in möglichst kleinen Scheinen ab. Denn du kannst Probleme haben mit großen Scheinen zu bezahlen, da bei kleineren Geschäften des Öfteren kein Wechselgeld vorhanden ist. Hast du nun das Bargeld in der Tasche, solltest du dir überlegen wie du zu deiner ersten Unterkunft findest. Falls du dazu das Internet benötigst, hast du im Terminal die Möglichkeit das WLAN zu nutzen. Verlasse nun das Terminal und tritt ein in dein Reiseland. Auf zur Unterkunft! Wie du dorthin findest, kannst du gleich in den nachfolgenden Kapiteln lesen.

## Vor Ort unterwegs – Von A nach B

Stell dir vor du bist am Flughafen gelandet und hast dein Gepäck abgeholt. Nun stellt sich dir die erste Herausforderung: Wie kommst du zu deinem nächsten Ziel? Mit welchem Transportmittel reist du und wo findest du es?

Generell hast du für längere Strecken die Wahlmöglichkeiten Taxi, Bus, Zug, Schiff, Flugzeug, Mietwagen oder Mitfahrgelegenheit zur Hand.

## Taxi

Unter die Kategorie Taxi fallen alle Fahrtdienstleistungen bei denen du das Ziel bestimmst. Dazu gehören Grab, Uber und alle Dienste vor Ort wie private Fahrer, Tuk-Tuks, Mototaxis und Autotaxis. Falls du nicht weißt was Grab oder Uber ist, eine Erklärung folgt im Kapitel „Telefon".

Taxis sind leicht zu finden oder mühelos per Telefon/ an jeder Rezeption zu bestellen. Sie holen dich dort ab wo du bist und bringen dich zu jeder Destination die du möchtest und das alles ohne Zwischenstopp.

Ein Traum oder? Diese Bequemlichkeit hat jedoch ihren Preis. Das Taxi ist das teuerste Landtransportmittel.

Ich empfehle dir Taxis zu nehmen, wenn du:

- Kurze Strecken zurücklegen möchtest;
- Zeitdruck hast;
- Dir das Taxi mit anderen teilen kannst;
- Nachts in der Stadt unterwegs bist;
- Zu abgelegenen Orten möchtest;
- Viel Gepäck hast.

Bei kurzen Strecken dauert es einfach zu lange bis du die Busstation gefunden, den Busfahrplan gecheckt und die richtige Endhaltestelle gefunden hast. Deshalb lohnt sich ein Taxi. Das ist auch der Grund warum es das Reisemittel deiner Wahl ist, wenn du in Eile bist.

Ich fahre beispielsweise öfter in der Stadt Taxi, falls die Strecke zu weit zu Fuß ist.

Nach deiner Landung wirst du sehr müde sein und erstmal so schnell wie möglich zur Unterkunft wollen. Da du viel Gepäck dabei hast, kannst du je nach Distanz überlegen, ob es dir wert ist den Komfort eines Taxis in Anspruch zu nehmen.

**Tipp**: Kannst du wegen Sprachproblemen nicht mit dem Taxifahrer kommunizieren, hilft Google Maps weiter. Alternativ kannst du dir die Adresse auch schriftlich notieren und dem Taxifahrer zeigen. Markante Gebäude wie Kirchen oder Märkte in deiner Unterkunftsnähe zu nennen hilft dem Taxifahrer dich zur Unterkunft zu bringen.

Bist du in einer Gruppe unterwegs ist es oftmals günstiger sich die Taxikosten zu teilen, als mehrere Bustickets zu erwerben. Lass dir bitte nicht vom Taxifahrer weismachen, der anfangs ausgehandelte Preis gilt pro Person. Kläre das im Vorfeld, aber die Strecke wird schließlich einmal gefahren, egal mit wie vielen Personen. Natürlich ist ein Taxi auch schneller. Taxis sind in den meisten Ländern deutlich günstiger als in Deutschland. So ist es definitiv eine Option, auch wenn du sonst aufgrund des Preises nicht mit Taxis fährst. Frag doch einfach mal in der Unterkunft nach, ob jemand das gleiche Ziel hat wie du und sich die Taxikosten teilen möchte.

Bist du nachts unterwegs, ist es definitiv ratsam ein Taxi zu nehmen. Das gilt insbesondere, wenn du alleine unterwegs bist, ärmere Gegenden durchquerst oder die Straßen menschenleer sind. Das gebietet einfach die Sicherheit, schließlich willst du kein Opfer eines Verbrechens werden.

**Tipp:** Achte immer darauf, dass du offizielle Taxis nutzt! Diese Taxifahrer haben offizielle Lizenzen und sind sicher. Es soll schon vorgekommen sein, dass Personen von nicht offiziellen Taxis in entlegene Orte gefahren und ausgeraubt wurden. Frage deine Unterkunft vor Ort oder schaue im Reiseführer, wie du offizielle Taxis erkennst. Handle auch zu Beginn den Preis aus oder fahre via Taximeter, so ersparst du dir Ärger. Das Taximeter ist besonders empfehlenswert, wenn du noch kein Preisgefühl hast, z.B. direkt nach deiner Ankunft.

Manchmal möchtest du zu Orten reisen, zu denen nur selten ein Bus fährt. Vielleicht werden diese Orte auch gar nicht von öffentlichen Verkehrsmitteln angefahren! In diesem Falle musst du dir natürlich ein Taxi oder einen Mietwagen nehmen. Doch Vorsicht – Falls du dort wieder wegkommen möchtest, solltest du mit deinem Fahrer eine Uhrzeit vereinbaren zu der er dich abholt. Bezahle ihn auch erst dann, wenn er dich wieder abholt! Damit hat er eine extra Motivation dich abzuholen! Nicht, dass du dort strandest! Denn es kann passieren, dass kein Bus mehr kommt.

## Öffentliche Verkehrsmittel

Möchtest du weitere Strecken zurücklegen, z.B. von einem Ort in den nächsten, empfehle ich dir mit dem Bus oder mit dem Zug zu fahren. Diese Verkehrsmittel sind für solche Wegstrecken deutlich günstiger als Taxis. (Bus-) Bahnhöfe, die ein weites Streckennetz bedienen, findest du an allen größeren Orten.

Um ein Ticket für den Bus/ Zug zu kaufen, kannst du entweder online schauen, eine Reiseagentur vor Ort besuchen oder direkt den (Bus-) Bahnhof/ die Haltestelle aufsuchen. Am besten informierst du dich spätestens einen Tag vor der Fahrt über die Abfahrtszeiten und mögliche aktuelle Änderungen. So kannst du dir sicher sein, dass der Zug nicht abgefahren ist, wenn du ankommst. Beachte die Tipps im Kapitel Sicherheit, damit du keine bösen Überraschungen erlebst!

Viele Länder haben ein gut ausgebautes Busnetzwerk und sehr gute Busse. Insbesondere in Südamerika gleicht die Fahrt mit Bussen guter Gesellschaften einer Flugreise in der Business Class. Natürlich gibt es auch weniger luxuriöse, budgetschonendere Varianten.

Solltest du eine längere Reise mit den öffentlichen Verkehrsmitteln zurücklegen, empfehle ich dir immer etwas zu essen und zu trinken mitzunehmen. Denn es kann vorkommen, dass der Bus nicht hält. Suche zudem die Toilette vor der Abfahrt auf, denn Toiletten habe ich schon öfters vergebens im Bus gesucht. Aber keine Angst, auf längeren Strecken gibt es auch kurze Pinkelstopps. Nehme vorsichtshalber auch lange Klamotten im Handgepäck mit, so bist du gegen jene Busfahrer gefeit, die aus unerklärlichen Gründen die Klimaanlage auf 5 Grad Celsius stellen.

Viele große Städte verfügen über Metros. Mit diesen kannst du in der Stadt günstig reisen. Oft wird auch eine sehr günstige Verbindung vom Flughafen zum Zentrum angeboten, die du für deine An- und Abreise nutzen kannst. Informationen dazu findest du in deinem Reiseführer.

## Schiff

Möchtest du auf eine Insel in der Nähe, wählst du die Fähre oder ein Schiff. Tickets erhältst du wie beim Bus-/ Zugticket online, bei einer Reiseagentur vor Ort oder direkt am Hafen. Bei Reiseagenturen hast du meist die Chance die Preise zu verhandeln. Schaue auch hier, dass du rechtzeitig vor Ort bist. Manchmal werden zu viele Tickets verkauft und die letzten Gäste werden auf ein späteres Boot verwiesen. Ein weiterer Pluspunkt für dich wird sein, dass du dir einen guten Platz sichern kannst (im hinteren Bereich ist der Wellengang weniger zu spüren). Falls du schnell seekrank wirst, solltest du vor der Fahrt Tabletten dagegen einnehmen.

Vorsicht, manchmal wird dein Gepäck an Deck ohne Wetterschutz untergebracht. Das bedeutet dein Gepäck kann nass werden. Du solltest darin zwar eh keine Elektronikgeräte aufbewahren, aber besser du checkst das nochmal und stülpst den Regenschutz über.

## Flugzeug

Je nach Unzugänglichkeit der Region oder der weiten Entfernung, wird es für dich sinnvoll sein, Flüge vor Ort zu buchen. Denn zu manchen Regionen, wie z.B. Orte im Regenwald, dauert eine Busfahrt oftmals ein- bis mehrere Tage und führt über holprige Straßen. Das ist definitiv keine Erholung und du verschwendest wertvolle Reisezeit. Keine Angst, wenn du Ausflüge vor Ort machst, wirst du schon noch in den Genuss solcher Straßen kommen. Das Flugzeug ist im Vergleich zu den anderen Transportmitteln teuer, dafür aber sehr schnell. Nutze es also nur um lange Strecken zu überwinden. Möchtest du beispielsweise von einer Insel zu einer weiter entfernten Insel reisen, ist das Flugzeug auch eine gute Alternative zum Schiff.

Die (Inlands-) Flüge musst du bei deiner Einreise nicht schon gebucht haben. Meistens reicht es kurz vorher (1-3 Tage) zu buchen, so bewahrst du dir deine Flexibilität. Die Flüge buchst du online. Ziehe zur Flugbuchung auch regionale Airlines in Betracht. Diese werden nicht immer bei Portalen wie Skyscanner gelistet. Achte auch auf das zulässige Gepäck! Dein Backpack soll schließlich mit oder? Trittst du deinen Flug an, solltest du deine Buchung parat haben, denn an manchen Flughäfen wird eine Ticketkontrolle am Einlass durchgeführt.

**Tipp**: Buchst du mehrere einzelne Flüge nacheinander, achte auf eine mögliche Zeitverschiebung! Nicht, dass du deshalb einen Flug verpasst!

*Exkurs Indonesien:*

*Am letzten Tag meiner Indonesien-Reise hatte ich noch einen ca. 2 Stunden Inlandsflug von Bali nach Jakarta vor mir. Bis zur Landung und dem anschließenden Heimflug nach Deutschland hatte ich einen Puffer von 3 Stunden eingeplant. Alles sicher – dachte ich zumindest. Am Flughafen angekommen checkte ich ein und ging zum Gate. Der Flug stand jedoch noch nicht an der Anzeigetafel. Kurze Zeit später wurde angezeigt, dass er sich verspätet. Erst um 15 Minuten, dann um 30 und schließlich um 45. Zum Glück hatte ich einen Puffer eingeplant, so las ich bis zum Boarding entspannt in meinem Buch. Zur Boardingzeit war ich verwundert, dass noch niemand am Gate stand. Also schaute ich nochmals zur Anzeigetafel. Ein Gatewechsel – und dass ohne englische Ankündigung! Ich sprintete also zum Gate an dem anderen Ende der Halle. Zum Glück war das Gate noch nicht geschlossen und ein paar Menschen warteten noch vor mir. Im Flieger lief alles entspannt. Wir kamen in Jakarta an, der Pilot gab die lokale Uhrzeit durch und ich wunderte mich. Mit der Verspätung sollte ich doch nur noch 2 h und 15 Minuten Zeit haben bis zum Heimflug und nicht 3 h und 15 Minuten. Da ging mir ein Licht auf. Ich hatte nicht bedacht, dass ich in eine neue Zeitzone fliege, und das innerhalb desselben Landes! Zum Glück war ich nach Westen geflogen und hatte so eine Stunde mehr Zeit. Wäre ich Richtung Osten geflogen, dann wäre es wohl eine sehr knappe Geschichte geworden und ich hätte womöglich meinen Flug verpasst.*

Denke bei deiner Flugplanung an eine mögliche Zeitverschiebung.

## Mietwagen-/ Moped

Vor Ort kannst du dich auch dazu entscheiden ein Auto oder ein Moped zu mieten. So kannst du dich flexibel fortbewegen. Beachte aber, dass es im Straßenverkehr sehr stressig werden kann, eventuell andere Regeln herrschen und die Straßen in ungewohnt schlechter Verfassung sein können. Dass bei Anmietung eine Kaution oder ein Ausweisdokument gefordert wird, muss dich nicht beunruhigen. Einen internationalen Führerschein hast du hoffentlich dabei, denn in manchen Ländern werden gezielt Touristen angehalten und darauf kontrolliert. Notfalls solltest du mit einem Bußgeld und einer vorübergehend ausgestellten Fahrerlaubnis vor Ort davonkommen. Checke vor der Annahme unbedingt das Mietobjekt auf Schäden und lasse dir diese dokumentieren. Schließlich möchtest du bei der Rückgabe nicht für die Schäden der Vormieter aufkommen. Gerne kannst du online auf Portalen wie www.check24.de auch die Preise mit der lokalen Vermietung vergleichen.

**Tipp**: Manche Kreditkarten haben eine extra Mietwagen-Versicherungspolice inklusive. Bezahlst du mit so einer Kreditkarte brauchst du also keine extra Versicherung abschließen. Solch eine Kreditkarte ist beispielsweise die American Express Platinum oder Barclaycard Platinum Double.

## Mitfahrgelegenheit

Ob Mitfahrgelegenheiten üblich sind, hängt vom jeweiligen Land ab. Während es in Europa sogar Plattformen wie www.blablacar.de gibt, ist es in anderen Ländern weniger verbreitet. Bei solchen Plattformen bezahlen Mitfahrer Geld, um für eine Wegstrecke vom Fahrer mitgenommen zu werden.

Natürlich gibt es auch noch die kostenlose Form, die heißt Trampen. Das kann je nach Land aber gefährlich sein. Deshalb kann ich dir das nicht uneingeschränkt empfehlen. In den meisten westlichen Ländern halte ich es jedoch für kein Problem. Zu zweit zu trampen gibt dir nochmals etwas Sicherheit.

Es wird eventuell auch Situationen geben an denen du keine andere Wahl hast als zu trampen. Deshalb ist die entscheidende Frage: Wie machst du das? Du kannst natürlich einfach den Daumen raushalten, oder ein Schild mit deinem Ziel beschriften und damit an eine viel befahrene Straße stehen. Die Wahrscheinlichkeit, dass dich jemand mitnimmt ist jedoch viel größer, wenn du Leute an Raststätten oder Tankstellen direkt ansprichst. Tendenziell musst du aber trotzdem Zeit und Nerven dafür mitbringen. In günstigen Ländern ist das für mich keine Option, da ich lieber schnell von einem Ort zum nächsten reise, als an der Straße zu stehen. Aber das

Auf der Reise

macht jeder wie er denkt, schließlich ist es auch eine Erfahrung. Ich habe auch schon Leute getroffen, die so kostenlos von Deutschland nach Spanien gekommen sind.

Jetzt aber genug der Worte – fahr oder fliege los. ☺

# Reiseschocks

Du landest in deinem Reiseland und verlässt den Flughafen. Da trifft dich das blanke Entsetzen. „Oh Gott so ein Chaos!" Das kann dir bei deiner ersten Übersee-Reise genauso passieren. Bei deiner Ankunft wirst du mit vielen Eindrücken konfrontiert. Diese können dich schocken, weil sie dir unbekannt sind. Neben dem Klima musst du dich erst noch an die Kultur und Gegebenheiten vor Ort gewöhnen.

Es kann passieren, dass du zum ersten Mal krassen Gegensätzen von Arm und Reich gegenüberstehst. Mit Gewehren bewaffnete Sicherheitsmänner können vor Einkaufsläden stehen. Der Verkehr kann chaotisch erscheinen und eine Straßenüberquerung gar undenkbar machen. Es mag dir seltsam erscheinen, wenn alle um dich herum andere Sprachen sprechen und du keine Beschilderung zu lesen vermagst. Es ist völlig normal, dass alle diese Eindrücke dich überfordern. Manch einer hat den Kopf schon am ersten Tag in den Sand gesteckt und wollte sofort den nächsten Flug nach Hause buchen. Tu das nicht! Du wirst sonst eine unvergessliche, wunderbare Reise verpassen! Wie kommst du nun mit dieser scheinbar unübertroffenen Fülle an Eindrücken zurecht? Ich rate dir: Urteile nicht – akzeptiere das es in diesem Land so ist wie es ist. Lasse deiner Neugier freien Lauf und entdecke wie sich diese Unterschiede auswirken. Werden wirklich alle Menschen, die die Straße überqueren wollen, überfahren? Nein, natürlich nicht. Selbst wenn es keine Ampel oder keinen Zebrastreifen gibt – die Fußgänger scheinen todesmutig einfach über die Straße zu laufen und die Autos halten wie durch Zauberhand an und lassen sie passieren. Die Menschen nehmen aufeinander Rücksicht und sind aufmerksamer im Straßenverkehr. Es ist nicht schlechter – nur anders. Urteile also nicht, sondern beobachte die Unterschiede, lerne und genieße. So wirst du bereichert und wächst mit der Reise.

Mit der Zeit wirst du dich sogar an die Unterschiede gewöhnen und hinterfragen, ob dir manches nicht sogar besser taugt als in deinem Heimatland. Deshalb erstmal ruhig durchatmen, wenn du zu Beginn geschockt bist. Es ändert sich schnell.

**Tipp:** Stresst dich der Verkehr und die Lautstärke in großen Städten, reise schnellstmöglich zu kleineren, naturnahen Orten weiter. Dort wirst du besser entspannen und ankommen.

# Jetlag überwinden

Jetlag – das ist das Synonym für den gestörten Tagesrhythmus deines Körpers wenn du durch mehrere Zeitzonen geflogen bist. Fliegst du gen Westen ist es früher – fliegst du gen Osten ist es später als in deiner Heimat. Das bedeutet, dass dein erster Tag bei einem Flug Richtung Westen länger wird, da du mit der Sonne fliegst und gen Osten wird er kürzer.

Das bringt deinen natürlichen Rhythmus durcheinander, ist aber nicht weiter schlimm. Eventuell wirst du zu seltsamen Zeiten Hunger und Müdigkeit verspüren, weil dein Körper sich erst an die neue Umgebung und Zeit anpassen muss.

Wie kannst du deinen Körper dabei unterstützen?

- Passe schnellstmöglich deine Uhr an. So weißt du was jetzt hier normal ist und kannst dich dem örtlichen Tagesablauf anpassen. Beispielsweise nimmst du das Mittagessen zur Mittagszeit ein, obwohl in deiner Heimat Frühstückszeit wäre. Stellst du deine Uhr nicht um, denkst du noch an die Zeit in deinem Heimatland und es wird dir schwerer fallen dich anzupassen.
- Gehe zu den ortsüblichen Zeiten schlafen, auch wenn das bedeutet, dass du dich noch durch die Müdigkeit kämpfen musst bis es dunkel wird. So passt du dich am schnellsten dem Tag-Nacht-Rhythmus an. Ein Tipp bei Müdigkeit: Gehe kalt duschen! Das weckt die Lebensgeister!

- Gehe tagsüber viel ans Freie. Das wirkt sich auf deinen Melatoninspiegel aus und sorgt dafür, dass du tagsüber fit bist und nachts müde (Melatonin ist ein Schlafhormon). Aber denke an Sonnenschutz! Denn gerade in den ersten Tagen ist ein Sonnenbrand am wahrscheinlichsten.

Zusammenfassend lässt sich sagen: Passe dich einfach den Einheimischen an, sowohl bezüglich Essens- als auch Schlafenszeiten und du wirst den Jetlag schnell überwinden.

# Essen und Trinken

Hast du Hunger? Das Essen wird ein Highlight auf jeder deiner Reisen sein. Denn jedes Land hat seine eigenen kulinarischen Highlights und du kannst deiner Neugier freien Lauf lassen und alles ausprobieren! Klingt verdammt gut oder? Das ist es auch! Ich war schon oft so begeistert von Gerichten, dass ich die Rezepte unbedingt mit nach Hause nehmen wollte, bzw. diese dann zu Hause vermisste habe!

## Sicherheitsmaßnahmen

So gut die Gerichte auch riechen und aussehen mögen, du solltest vor allem zu Beginn deiner Reise eine gewisse Vorsicht walten lassen. Sonst kann es passieren, dass du dir den Magen verdirbst. Und du möchtest doch nicht deinen Urlaub auf der Toilette verbringen oder?

Deshalb gibt es ein ganz einfaches Prinzip an das du dich halten solltest:

**„Cook it, peel it, or leave it".**

Das bedeutet du solltest nur Nahrung verzehren die gekocht/ gebraten und/ oder geschält wurde. Dahinter steckt natürlich ein System. Denn Bakterien werden durch das Erhitzen der Nahrung abgetötet. In der Schale von Obst und Gemüse stecken oft unbekannte Pestizide und Bakterien. Durch die höhere Temperatur im Reiseland und eine oft nicht vorhandene Kühlkette können sich

Mikroorganismen und Krankheitserreger schneller ausbreiten und Magenprobleme verursachen. Durch das Schälen wird die Gefahr minimiert. Mit Wasser abwaschen reicht leider nicht aus. Besonders zu Beginn deiner Reise muss sich dein Körper noch an die fremdartigen Mikroorganismen gewöhnen. Vermeide deshalb am Anfang alles was schon unhygienisch aussieht. Das könnten z.B. Straßenbuden sein, die ihr Öl schon lange nicht gewechselt haben, Lebensmittel den ganzen Tag über der Sonne aussetzen oder solche die ihre Gerichte nicht ordentlich durchbraten.

Auch bei Trinkwasser solltest du aufpassen. Generell gilt die Regel: Nimm alle Getränke nur ohne Eiswürfel zu dir. Denn es kann vorkommen, dass einfach Leitungswasser genutzt wird um Eiswürfel herzustellen. Das Leitungswasser hat aber nicht die europäische Trinkwasserqualität und sollte nicht getrunken werden. Sonst kann es schnell passieren, dass sich dein Magen mit Beschwerden meldet. Achte bei Wasser darauf, dass du nur Flaschen kaufst die versiegelt sind. Nur das garantiert dir, dass nicht jemand einfach eine leere Flasche mit Leitungswasser aufgefüllt hat. Ansonsten kannst du natürlich auch das Wasser abkochen oder Wasserentkeimungstabletten dem Wasser hinzufügen, um Bakterien abzutöten. Oft wird auch der Tipp gegeben zum Zähneputzen kein Leitungswasser zu nehmen. Das hat den Hintergrund, dass durch kleine Verletzungen im Mundraum oder Zahnfleisch Bakterien eindringen können. Falls du also merkst, dass du eine Verletzung hast, solltest du nur entkeimtes Wasser oder Mineralwasser zum Zähneputzen nutzen. Ich persönlich nutze normales Leitungswasser zum Zähneputzen wenn ich keine

*Essen und Trinken*

Mundraumverletzung habe, da ich es sonst für Mineralwasserverschwendung halte.

Handle beim Essen also nach dem Prinzip: „Cook it, peel it, or leave it". Und achte beim Trinken darauf, dass du nur versiegeltes Mineralwasser oder gekochtes/ entkeimtes Wasser zu dir nimmst und Getränke ohne Eiswürfel bestellst. Damit solltest du die meisten Quellen für Magenbeschwerden vermeiden und einer unbeschwerten Reise steht nichts mehr im Wege.

Hier eine Erfahrungsgeschichte was passieren kann, wenn du das Prinzip „Cook it, peel it, or leave it" vernachlässigst.

*Exkurs Jordanien:*

*Nachdem ich schon viele Länder besucht hatte, dachte ich mir, dass ich irgendwann mal Resistenzen gegen alle möglichen Essenskeime aufgebaut habe. In Jordanien merkte ich: Dem war nicht so. Am ersten Tag nahm ich die Restaurant-Empfehlung meines Hostels dankend an und bestellte dort ein Humus-Gericht. Als Beilage wurde ein Tomatensalat gereicht, den ich mitverzehrte. Das Essen war lecker und der Ort sah sauber aus, schließlich sollte auch der jordanische König ab und an hier speisen. Später im Hostel meldete sich aber mein Magen mit einem bösen Grummeln zurück und ich verbrachte den restlichen Tag zwischen Bett und Toilette. Das war kein guter Start. Aber ich erinnerte mich daran, dass ich das wichtigste Essensprinzip gleich am ersten Tag missachtet hatte: „Cook it, peel it or leave it". Tja, das hatte ich nun davon, dass ich rohe Tomaten zu mir genommen hatte. Dank Medikamenten war alles zum Glück am nächsten Tag schon wieder unter Kontrolle. Trotzdem – ein unschönes Erlebnis auf das ich hätte verzichten können.*

Sollte es dich doch einmal erwischt haben, nehme die entsprechenden Medikamente aus deiner Reiseapotheke ein, trinke viel Wasser oder Tee und achte auf leichte Kost wie Brot und Reis. Auf Scharfes und Fettiges solltest du definitiv verzichten bis sich dein Magen erholt hat. In der Regel bist du so nach 24-72 Stunden wieder fit.

## Scharfes Essen

Eine Sache worauf du unbedingt achten solltest ist scharfes Essen. Falls auf der Speisekarte deines Landes „spicy" steht oder Chilischoten abgebildet sind, bedeutet das nicht einfach, dass das Gericht scharf ist. Es wird wirklich sehr scharf sein! Die Schärfe in Deutschland ist mit der im Reiseland gar nicht zu vergleichen. Mit hoher Wahrscheinlichkeit wird dir bei einem „spicy" Gericht die Röte ins Gesicht steigen, du wirst anfangen zu schwitzen, deine Zunge wird brennen und später auch dein Magen. Tu dir das zumindest am Anfang nicht an, außer du stehst wirklich drauf dich zu quälen.

Hier kannst du solch einen Folter-Erfahrungsbericht lesen:

*Exkurs Thailand:*

*Der erste Abend in Bangkok. Ich war mit meinem Freund Ronny unterwegs und wir hatten richtig Hunger. Schließlich sahen wir ein kleines Straßenrestaurant, das gut besucht war. Viele Menschen sind meist ein Anzeichen für gutes Essen. Also gesellten wir uns dazu. Wir bekamen sogar eine Speisekarte auf Englisch und bestellten kurz darauf. Das Essen, dass uns serviert wurde sah sehr lecker aus und wir fingen an zu speisen. Mein Essen war vorzüglich und nach ein paar Bissen schaute ich rüber zu meinem Gegenüber. Ronnys Gesichtsfarbe hatte sich in krebsrot gewandelt und er sah aus als ob er gerade aus der Dusche gekommen wäre. Die Schweißperlen sammelten sich nur so auf seiner Stirn. Ich fragte ihn ob alles in Ordnung sei. Er meinte nur: „Ja, ist nur bisschen scharf". Es stellte sich heraus, dass auf der Speisekarte eine Chilischotte neben dem Gericht abgebildet war. Aber Ronny dachte sich es wird schon nicht so scharf sein. Tja – falsch gedacht. Ich probierte auch von dem Essen und es war in der Tat extrem scharf. Aber Ronny speiste tapfer zu Ende. Angenehm war das sicher nicht, aber dafür hat er schon Respekt verdient. Auf jeden Fall lernte ich daraus keine scharfen Gerichte zu bestellen. Dachte ich zumindest. Bis ich mir zwei Wochen später irgendeine Curry-Suppe bestellte. Da stand zwar nicht scharf auf der Speisekarte, aber wenn ich mal genauer überlegt hätte, wäre ich auch drauf gekommen, dass es scharf sein könnte. Die Suppe war zuerst lecker, wurde aber mit jedem Löffel einfach nur schärfer. Irgendwann war es einfach nur noch unangenehm, da die Geschmacksnerven von der Schärfe komplett betäubt wurden und ich dieselben Anzeichen wie Ronny damals zeigte – es gab nur einen*

*Unterschied. Ich tat mir die Tortur nicht bis zum Ende an und ließ einen Rest übrig. Richtig scharf wird wohl nie mein Ding werden.*

## Restaurant-Suche

Du bist unterwegs und hast Hunger? Wie findest du nun ein gutes Restaurant. Mit gut meine ich ein sauberes, was leckere Gerichte zu möglichst günstigen Preisen serviert. Nun da gibt es mehrere Möglichkeiten.

Bist du noch im Hostel oder hast Internet, kannst du natürlich ganz einfach per Google Maps nach Restaurants in deiner Nähe googlen. Durch die Rezensionen erhältst du einen Einblick über die Qualität und das Angebot der Restaurants, sowie die Öffnungszeiten.

Eine andere Methode ist es sich einfach Rat bei Einheimischen zu holen. Du kannst z.B. Menschen auf der Straße fragen, ob sie ein Restaurant in der Nähe kennen, welches deinen Kriterien entspricht. Oft musst du aber explizit sein, denn mit einem guten Restaurant verbinden viele Menschen ein teures Restaurant. Frage deshalb ruhig nach einem Ort, wo du günstiges, leckeres Essen bekommst, bzw. was auch immer du möchtest. Eine gute Frage ist auch: „Wohin würdest du zum Essen gehen?". Falls du keine Menschen auf der Straße ansprechen möchtest, kannst du auch die Rezeptionisten in deiner Unterkunft fragen. Diese haben gute Tipps und bekommen aktuelles Feedback der Gäste zu ihren Restaurantvorschlägen. Dadurch kannst du gewiss ein gutes Restaurant in der Nähe finden. Übrigens kannst du auch sehr gute

Speisen an Straßenständen oder auf Märkten erhalten, ich habe Restaurant nur als Überbegriff verwendet.

**Eine gute Alternative: Der lokale Markt.**

Was machst du, wenn du nun aber schon draußen unterwegs bist und Hunger bekommst? Eventuell kannst du die Sprache deines Reiselandes nicht. Du hast keinen Handyempfang bzw. möchtest es nicht nutzen. Was kannst du also tun, um ein gutes Restaurant zu finden? Ein Tipp der sich für mich bewährt hat ist der folgende: Gehe dorthin, wo viele Menschen, vor allem Einheimische, essen. Das minimiert dein Risiko ein schlechtes Restaurant auszusuchen. Überlege dir: Würden hier viele Menschen sein, wenn das Essen schlecht wäre? Wahrscheinlich nicht – denn wenn das Essen gut ist, kommen die Kunden immer wieder. Andersherum bedeutet das auch: Ist das Essen schlecht kommt niemand wieder. Wichtig ist, dass du schaust, ob Einheimische dort essen – denn diese Essen regelmäßig vor Ort. Touristen sind da anders. Sie reisen viel und essen oftmals nur einmal oder wenige Male an einem Ort. Deshalb sind einheimische Gäste im Restaurant ein sichereres Anzeichen für gutes Essen als Touristen. Meide touristische Plätze, wie z.B. das Pantheon in Rom. Denn hier gilt: „Du bezahlst für die Aussicht und Lage, nicht für die Qualität des Essens." Gehe lieber in eine Seitenstraße. Hier ist die Wahrscheinlichkeit ein gutes, von Einheimischen besuchtes Restaurant zu finden viel größer.

**Tipp**: Sollte die Speisekarte ausschließlich auf Englisch sein oder ein Schild mit „Tourist-Menu" am Eingang stehen, dann ist das mit Sicherheit auch kein Restaurant welches du besuchen solltest. Du suchst doch nach guter Qualität mit einem guten Preis/Leistungsverhältnis oder?

Dein Magen knurrt? Genug gelesen, auf zur Restaurantsuche!

Hier ein Erfahrungsbericht aus Südamerika.

*Exkurs Bolivien:*

*Mein Kumpel und ich waren gerade in Sucre angekommen und hatten eingecheckt. Jetzt spürten wir was für einen großen Hunger wir hatten. Doch wo würden wir denn nur etwas Gutes zu essen für wenig Geld bekommen? Wir fragten unseren Rezeptionisten. Der gab uns den Tipp zum lokalen Markt zu gehen. Wir folgten seinem Rat und betraten eine riesige Markthalle. Hier wurde alles feilgeboten, von frischem Obst und Gemüse, über Gewürze bis hin zu Fleisch. Es war faszinierend zu sehen welch exotische Dinge hier zu finden waren. Da wir aber hungrig waren, folgten wir den Essensdüften. Dazu stiegen wir über eine Treppe eine Etage höher. Hier waren sehr viele kleine Küchen mit jeweils 3-4 Tischen. Und jede Küche hatte auf einer Tafel mit Kreide das heutige Menü angeschrieben. Hier saßen fast ausschließlich Einheimische und aßen zu Mittag. Ein gutes Zeichen! Wir fragten nach dem Preis und waren positiv überrascht. Eine Suppe, eine Hauptspeise und ein Getränk dazu kosteten gerade einmal einen Euro! Wir schauten wie das Essen zubereitet wurde. Da sehr heiß gekocht und gut gebraten wurde, hatten wir keine Bedenken, bestellten und genossen unser Essen. Es war sehr lecker! Sogar so lecker, dass wir den Ort noch mehrere Male aufsuchten. Leckeres Essen zu einem günstigen Preis an einem Ort mit vielen Einheimischen ist einfach verlockend. Als Nachtisch gönnten wir uns unten in der Markthalle noch einen leckeren Bananen-Milchshake. Natürlich ohne Eis, du erinnerst dich doch bestimmt an die Sicherheitsregel oder?* ☺

## Alkohol

In deinem Reiseland wird es sicherlich einheimische alkoholische Spezialitäten geben, sei es der Singapore Sling oder der peruanische Pisco Sour. Es ist auch vollkommen in Ordnung, dir ein Glas davon zu gönnen. Allerdings solltest du immer eine gewisse Vorsicht walten lassen. Das gilt vor allem bei lokalen Spirituosen. Leider kommt es immer wieder vor, dass Alkohol von Einheimischen falsch selbstgebrannt wird. Das führt dann zu einer Methanol Konzentration in der Spirituose. Ich denke ich brauche es dir nicht sagen aber: Methanol sollte unter keinen Umständen konsumiert werden! Entgegen dem Ethanol, welches in normalen alkoholischen Getränken enthalten ist, kann Methanol schwerwiegende langfristige Schäden verursachen. Dabei reicht die Bandbreite von der Schädigung der Sehnerven bis hin zum Tod. Und das willst du auf keinen Fall! Kein Getränk ist das wert! Deshalb vermeide unter allen Umständen dieses Risiko. Wie das geht? Schaue immer zu wie dein Getränk gemacht wird und bestehe im Zweifelsfall auf importierte Spirituosen oder ungeöffnete/ versiegelte Flaschen. Auf keinen Fall solltest du Alkohol aus Flaschen ohne Label trinken. Trinke auch nicht über den Durst, das kann im Ausland schnell gefährlich werden. Dazu aber mehr im Kapitel „Sicherheit".

Solltest du mal einen Kater haben, lass dir den Tag nicht versauen, sondern halte dich an die altbewährte Katerregel: Duschen, frühstücken, raus an die frische Luft. Aber bestimmt hast du deine eigene Anti-Kater Methode. ☺

# Unterkunft finden

Du bist in einer neuen Stadt angekommen und möchtest so schnell wie möglich einen Platz finden, wo du schlafen und deinen Rucksack abstellen kannst? Hier zeige ich dir wie du eine Unterkunft findest.

Generell gibt es zwei Arten wie du eine Unterkunft findest, eine ist durch das Internet und die andere ist direkt vor Ort. Jede hat ihre Vor- und Nachteile.

## Via Internet

Die Unterkunftssuche über Portale wie www.booking.com, www.airbnb.com oder www.hostelworld.de ermöglicht es dir schon vor deiner Ankunft geeignete Unterkünfte zu finden. Das hat große Vorteile. Zum einen kannst du Wartezeiten nutzen, um deine nächste Unterkunft zu suchen, zum anderen kannst du im Vergleich zur Suche vor Ort Zeit und Wegstrecke sparen. Du läufst nicht Gefahr zu ausgebuchten Unterkünften zu gehen, da du diese herausfiltern kannst. Hast du schon gebucht, kommst du in dem Ort an und kannst direkt zu deiner Unterkunft gehen. Das ist super bequem und entspannt! Denn so rettest du dich vor den tosenden Horden der Unterkunftsanbieter am Anlegeplatz/ Busbahnhof o.Ä.

**Tipp**: Manche Unterkünfte bieten einen gratis Shuttledienst an. Das bedeutet du wirst direkt am Flughafen/ (Bus-) Bahnhof abgeholt, zu deiner Unterkunft gebracht und nach dem Check Out wieder zurückgefahren.

Praktisch bei der Online-Suche sind die Bewertungen der anderen Gäste, die Filter und die Kartenansicht. So kannst du Unterkünfte nach deinem Budget, nach Bewertungen, nach Verfügbarkeit und Standort filtern. Der Filter nach Bewertungen hat den Vorteil, dass du die Wahrscheinlichkeit reduzierst in einer Unterkunft von schlechter Qualität, Sauberkeit, schlechtem Service oder ähnlichem zu übernachten. Ich empfehle dir die letzten Bewertungen genau anzuschauen. So siehst du was aktuell bemängelt und gelobt wird. Aktuelle Bewertungen geben dir mehr Informationen, da evtl. durch Inhaberwechsel, neues Personal oder Renovierungen Veränderungen stattgefunden haben. Ich empfehle dir nach mindestens 7 von 10 möglichen Bewertungssternen zu suchen. Je mehr desto besser.

Auch der Standort kann für dich interessant sein. Möchtest du beispielsweise nur eine Nacht dort verbringen und am nächsten Tag mit Schiff oder Flugzeug weiterreisen, bietet es sich an auf der Karte nach Unterkünften in (Flug-) Hafennähe zu suchen. So sparst du dir lange Wege und auch Transportkosten.

Der Budgetfilter lässt dich schnell Unterkünfte in deinem Preissegment finden. Natürlich gibt es noch andere Filter wie Doppelzimmer, Pool etc, die du nach Belieben aktivieren kannst. Ich empfehle dir bei diesen Portalen wie folgt vorzugehen:

1. Werde dir darüber klar was du ungefähr an diesem Ort machen möchtest (wichtig für die Lage);

2. Setzte die Filter nach deinen Wünschen. Setze den Bewertungsfilter mindestens auf 7 Sterne;
3. Dann lässt du dir die Unterkünfte nach absteigenden Preisen anzeigen. So findest du eine günstige Unterkunft die deinen Vorstellungen entspricht;
4. Schaue auf die Karte ob die Unterkunft in dem Ortsteil ist, an dem der Ausgangspunkt deiner geplanten Aktivitäten ist;
5. Checke die letzten Bewertungen;
6. Falls alles passt, buche.

**Tipp**: Ich persönlich nutze fast ausschließlich booking.com für Reisen bis zu zwei Personen. Bist du neu auf diesem Portal, erhältst du einen 15 € Gutschein, wenn du durch einen Freund eingeladen wirst und deine Unterkunft buchst. Gerne kannst du meinen Einladungslink nehmen, so bekommen wir beide 15 € geschenkt! Den Link dazu findest du in der Beschreibung von meinem Instagram Profil: „Backpacking_auf_ins_Abenteuer".

**Tipp**: Sollte dir die Lage am wichtigsten sein, setze deine Filter und suche dann deine Unterkunft in der Kartenansicht.

Bitte tu dir nur selbst einen Gefallen: Übertreibe es nicht mit der Online-Suche nach Unterkünften! Es soll schon Menschen gegeben haben, die den ganzen Tag an ihrem Handy saßen, um nach einer neuen Unterkunft zu suchen! Tu das nicht! Du sollst deine Reise genießen und nicht nur suchen! Setze dir deshalb ein Zeitlimit von maximal einer Stunde pro Unterkunft! Selbst eine Stunde ist schon viel! Hast du es bis dahin nicht geschafft zu buchen, entscheide dich sofort oder buche direkt vor Ort.

**Tipp für heiße Regionen:** Sollte dein Reisegebiet voller Moskitos sein, empfehle ich dir für erholsame Nächte ein Zimmer mit Klimaanlage zu wählen. Wieso? Moskitos können Klimaanlagen nicht leiden und werden sich deshalb nicht in dein Zimmer verirren. So schwirrt dir nachts nichts um die Ohren und du ersparst dir nächtliche Moskitostiche. In einem Zimmer mit Klimaanlage solltest du dich nachts etwas wärmer anziehen, denn eine Klimaanlage birgt das Risiko sich eine Erkältung einzufangen.

Lass dich nicht von der Vielzahl von Unterkunftsnamen verwirren. Es gibt Guest Houses, Hotels, Homestays, Lodges, Hostels und alle möglichen Namen. Diese werden meist als Synonym verwendet. Der Name sagt nicht viel über die Unterkunft aus. Beispielsweise habe ich schon Bruchbuden gesehen die sich als Hotel angepriesen haben. Vertraue statt auf Namen lieber auf Bilder und Beschreibungen. Die einzige zuverlässige Orientierungshilfe sind die Sterne der jeweiligen Landes-Hotelkategorie. Aber denk daran, ein 3 Sterne Hotel in einem Entwicklungsland hat andere Standards als eines in Europa.

Für eine familiärere Atmosphäre solltest du gezielt nach Homestays und Guest Houses suchen. Sie werden von Privatpersonen betrieben und die Besitzer sind meist sehr zuvorkommend. Meiner Erfahrung nach sind sie eine gute Alternative, um schnell mit Einheimischen ins Gespräch zu kommen.

**Gibt es eine grobe Richtlinie mit welcher Personenzahl wo übernachtet werden sollte um Geld zu sparen?**

Meiner Erfahrung nach übernachtest du als Alleinreisender in Schlafsälen, zu zweit in Doppelzimmern und ab drei Personen in AirbnB Unterkünften oder Zimmern für die entsprechende Personenzahl am günstigsten.

Bei AirbnB kannst du dir eine komplette Wohnung oder ein Zimmer von einem Einheimischen mieten. Die Interseite dazu ist www.airbnb.com. Der Vorteil an AirbnB ist, dass es immer einen Ansprechpartner gibt und die Küchennutzung meist inklusive ist. Möchtest du AirbnB nutzen, solltest du die Unterkunft einige Tage im Voraus buchen, da der Gastgeber sich darauf einstellen muss. Schließlich ist es kein professionelles Hotel, das täglich Gästebetrieb hat. Möchtest du ein Guthaben für deine nächste Reise, findest du dazu einen Link auf meinem Instagram Profil: „Backpacking_auf_ins_Abenteuer".

Buchst du zwei Mal mit booking.com, steigst du in die Genius Kategorie auf. Das gibt dir bei manchen Unterkünften 10 % Rabatt.

## Vor Ort

Durch die Online-Portale ist die digitale Unterkunftssuche immer beliebter geworden. Es gibt sie aber noch: die alt bewährte Suche vor Ort! Die ist etwas für dich, wenn du keine Lust hast deine Zeit am Handy zu verbringen oder wenn du ein richtiger

Schnäppchenjäger/ Glücksritter bist! Auf jeden Fall ist es eine Erfahrung wert!

Du denkst dir, wie stellst du das denn an? Läufst du von Haus zu Haus und fragst ob noch ein Schlafplatz frei ist? Das ist in der Regel nicht nötig. Meistens wird folgende Situation vorherrschen: Du kommst mit dem Bus/ Schiff/ Zug in einem Ort an und du wirst direkt eine Menschentraube vorfinden, die ihre Unterkünfte lautstark anpreist! **Jetzt ist es wichtig zu wissen was du willst – frag direkt die Anbieter danach, auch direkt nach dem Preis und der Lage. So ersparst du dir unnötige Besichtigungen.** Oftmals haben die Anbieter auch Bilder ihrer Unterkunft dabei, so erhältst du einen guten Überblick. Natürlich solltest du hier gute Nerven mitbringen – denn es wird laut werden und hektisch. Jeder preist wie auf einem Markt seine Leistung an! Bleib einfach ruhig und bestimmt. Hast du etwas gefunden was deinen Vorstellungen entspricht, geh mit der Person mit. Der Vorteil ist, dass du hier mit hoher Wahrscheinlichkeit die Taxikosten sparst, weil die Person dich gratis zu ihrer Unterkunft bringen wird.

Oft sind die Angebote vor Ort auch wesentlich günstiger. Ein Nachteil ist, dass du keine Bewertungen von anderen Gästen hast. Hier herrscht immer ein kleiner Unsicherheitsfaktor. Bevor du für deine Unterkunft bezahlst, solltest du diese unbedingt inspizieren! Nicht, dass du eine böse Überraschung erlebst! Achte nicht nur auf Sauberkeit, sondern auch auf mögliche Lärmquellen wie Hauptstraßen, Fabriken oder Moscheen. Schließlich willst du in

Ruhe schlafen können. Erst wenn du zufrieden mit dem Zimmer bist, bezahlst du.

**Tipp**: Frage andere Backpacker wo sie übernachtet haben und ob sie zufrieden waren. So kannst du gezielt nach der Unterkunft suchen.

Du kannst dir schon vorstellen, dass die Buchung vor Ort ein kleines Abenteuer ist. Beim ersten Mal wirst du geschockt sein, aber du gewöhnst dich schnell daran und wenn du cool bleibst, macht es sogar Spaß!

Was machst du aber, wenn du nicht an einem zentralen Anlegeplatz ankommst, sondern am Flughafen oder an einem Ort wo keine Anbieter sind? Jetzt lohnt es sich in den Reiseführer zu schauen! Dort sind Unterkünfte empfohlen, die du jetzt einmal persönlich besuchen solltest! Klingel einfach, tritt ein und frage ob noch ein Schlafplatz für dich frei ist. Meistens wird dem so sein. Alternativ kannst du auch durch die Straßen schlendern und bei jedem Hotel/Guest House etc. dasselbe tun. Schaue dir vor der Bezahlung immer die Unterkunft an! Sagt sie dir nicht zu, dann scheue dich nicht die Unterkunft zu wechseln! Manchmal findest du durch Zufall richtig tolle Unterkünfte, die im Reiseführer gar nicht gelistet sind.

Bei Ankunft zu sehr früher oder später Stunde und vor großen lokalen Festen empfehle ich dir immer eine Online-Buchung vorzunehmen, da die Unterkünfte oftmals geschlossen sind und keine Anbieter auf dich warten werden!

**Tipp**: Hast du Mängel an deiner Unterkunft bemerkt, sprich diese direkt an der Rezeption oder deinem Host an. Oft wird dir ein neues Zimmer angeboten!

*Exkurs Indonesien:*

*Als wir zu zweit auf Bali unterwegs waren, hatte ich über Booking.com ein Zimmer nach unseren Vorstellungen gebucht (genau – ich habe mit Filtern gearbeitet ☺). Da wir via Grab in die nächste Stadt gereist sind, wurden wir direkt vor der Unterkunft abgesetzt. Das war natürlich sehr bequem. Die Unterkunft entsprach voll und ganz den Bildern, es gab nur ein Problem. Als wir in das Zimmer eintraten, schlug uns ein übel riechender Farbgestank entgegen. Als ob das Zimmer gerade frisch gestrichen worden wäre. Der Rest des Zimmers sah zwar etwas veraltet aber dennoch in Ordnung aus.*

*Da wir diesen Geruch nicht einfach akzeptieren wollten, machten wir die Rezeption darauf aufmerksam und uns wurde ohne Probleme ein neues Zimmer zugeteilt. Das hatte am Ende sogar noch eine modernere Ausstattung!*

Scheue dich also nicht, Mängel anzusprechen. Diese werden meist sofort behoben. Das Personal ist gastfreundlich und möchte, dass du einen guten Aufenthalt hast.

**So jetzt kommen wir zu dem Worst-Case-Szenario, dein gedanklicher Alptraum: Es ist keine Unterkunft verfügbar!**

Spürst du schon wie die Panik in dir ausbricht und deine Hände schwitzen? Denk an die wichtigste Regel in solchen Situationen: Ruhig bleiben!

Es mag zwar einen schlimmen Anschein machen, doch auch für diese Situation gibt es eine Lösung. Was würdest du tun, wenn wirklich alle Versuche eine Unterkunft zu finden scheitern? Genau – du könntest einfach an einen anderen Ort fahren. Falls du gar nicht mehr von dort wegkommst, könntest du notfalls auch am Bahnhof schlafen oder – je nach Ausrüstung – campen. Ich habe auch schon mit Leuten gesprochen die es sogar bevorzugt haben keine Unterkunft zu buchen, sondern einfach ihre Hängematte ausgepackt haben, um am Strand oder anderen Orten zu schlafen! Das geht natürlich in wärmeren Regionen.

Oft sind nur die günstigen Unterkünfte ausgebucht – falls du also unbedingt eine Unterkunft möchtest und dein Budget es hergibt, wirst du im hochpreisigen Segment bestimmt fündig werden. Alternativ musst du evtl. deine Ansprüche herunterschrauben und z.B. kein Einzelzimmer, sondern ein Bett im Schlafsaal in Kauf nehmen. Keine Unterkunft zu finden, muss aber gar nicht schlimm sein! Es kann zu einem spannenden Abenteuer werden! Hier hast du zwei Erlebnisberichte aus Südamerika, die dir zeigen, wie du mit der Situation umgehen kannst.

*Exkurs Argentinien:*

*Die Stadt Rosario war nur als Zwischenstopp geplant. Mein Kumpel und ich wollten am nächsten Tag weiter. Wir kamen erst abends mit dem Zug in Rosario an. Da unsere Mägen knurrten, kümmerten wir uns zuerst um etwas zu essen. Danach war es ca. 20 Uhr und wir fingen an die Unterkunftsempfehlungen unseres Reiseführers aufzusuchen. Wir fingen mit denen in der Nähe an. Der Schock traf uns, nachdem die ersten drei Unterkünfte allesamt komplett ausgebucht waren. Da uns das alles spanisch vorkam – Achtung Wortwitz – fragten wir einmal nach warum denn so ein großer Andrang herrsche. Es fand gerade ein Künstlerfestival statt! Das kann man sich so wie die Oktoberfestzeit in München vorstellen. Es gab also absolut keine günstige Unterkunft mehr. Wir versuchten es dann in Mittelklasse-Hotels. Nachdem auch die ersten zwei ausgebucht waren, fingen wir schon an zu grübeln. Der Rezeptionist meinte, er könne aber unsere Rucksäcke für eine kleine Gebühr aufbewahren. Wir überlegten kurz. Was waren unsere Optionen? Am Bahnhof übernachten? Ja – eine Möglichkeit. Andererseits war es Freitagabend und wir könnten auch einfach die Nacht zum Tage machen! Kurz dachten wir nach, ob wir dem Rezeptionisten vertrauen können. Aber es war ein Mittelklasse-Hotel mit einem Namen und keine schäbige Spelunke. Also entschieden wir uns die Rucksäcke abzugeben und uns ins Nachtleben zu stürzen. Dem Tipp des Rezeptionisten folgend, begannen wir in einem Restaurant. Dort ging zu späterer Stunde eine Trennwand auf und eine riesige Tanzfläche wurde offenbart. Das Restaurant verwandelte sich in eine Diskothek. Wir feierten die ganze Nacht, hatten Spaß und lernten Einheimische kennen. Unser gespartes Übernachtungsgeld investierten wir ins Nachtleben und am nächsten Tag gingen wir müde aber glücklich zurück zur Rezeption und unsere Rucksäcke abholen. Schlafen konnten wir schließlich später im Zug immer noch. Keine Unterkunft gefunden zu haben war im Nachhinein weitaus weniger schlimm als wir anfangs dachten.*

Hier noch eine Geschichte was du erleben kannst, wenn du wirklich Geld sparen möchtest, bzw. die Unterkünfte zu teuer sind. Das kann vorkommen, wenn du lange Zeit unterwegs bist und dein Budget begrenzt ist.

*Exkurs Paraguay:*

*Wir verließen die Hauptstadt und machten uns auf den Weg zu den Jesuiten Ruinen. Unser Transportmittel war der Bus. Nein – kein moderner Bus, sondern ein richtig alter ohne Anzeigetafel. Das machte es natürlich schwierig unsere aktuelle Position zu bestimmen. Nein – das GPS funktionierte nicht. Wir schauten also auf unsere Karte und verfolgten mit Spannung jedes Ortsschild das wir passierten. So konnten wir uns grob orientieren. Als der Bus dann aber doch länger als gewöhnlich unterwegs war und nicht in unserem Zielort hielt, sondern einfach vorbeifuhr, sprinteten wir vor zu unserem Busfahrer. Wir fragten ihn, ob das der Ort mit den Jesuiten Ruinen sei. Er bejahte und wir baten ihn anzuhalten. Das tat er dann auch. Bei Sonnenuntergang mitten auf einer holprigen Landstraße. Wir stiegen aus dem Bus und folgten der Straße zum Ort zurück. Wir lachten über die Situation und als uns ein Einheimischer begegnete, baten wir ihn ein Foto von uns zu machen. Dieser hatte wohl noch nie einen Fotoapparat in der Hand, denn zuerst richtete er die Linse auf sich. Lachend erklärten wir ihm wie das Gerät funktioniert. Er machte dann Fotos von uns. Wir bedankten uns und gingen weiter Richtung Ort. Natürlich schauten wir uns die Fotos an – entweder waren unsere Köpfe oder unsere Körper komplett abgeschnitten. Wir mussten über die Bilder lachen – der gute Mann hatte noch einen langen Weg zum Meisterfotografen vor sich.*

*Als wir in dem Ort ankamen, schauten wir in unseren Reiseführer – es gab keine Unterkunftsempfehlung. „Spannend!" Dachten wir. Wir kauften uns an einem Supermarkt Empanadas zum Abendbrot und fragten, ob der Verkäufer eine Unterkunft kenne. Es stellte sich heraus, dass es in diesem Ort nur eine Unterkunft gab. Also gingen wir dorthin. Die Frau verlangte aber sage und schreibe 40 US-Dollar die Nacht pro Person! Ein Wucherpreis für Paraguay. Das war absolut nicht in unserem Budget. Wir dachten uns: „Das wollen wir auf keinen Fall ausgeben!" Die Frau sagte es gebe auch einen Campingplatz, da es aber Winter sei, wäre dieser geschlossen. Wir bedankten uns für den Tipp und suchten diesen auf. Der Campingplatz bestand nur aus einem großen leeren Feld, einer kleinen Waschhütte und einem Haufen voller Holz. Trotz der herrschenden 5 Grad Celsius entschieden wir uns draußen zu übernachten. Wir richteten unsere Isomatten und Schlafsäcke her um dann zu bemerken: Es ist einfach viel zu kalt! Aber da kam uns eine Idee! Wir trugen das Holz zu unserem Schlafplatz und errichteten ein Lagerfeuer. Dann kauften wir im Supermarkt noch ein Feuerzeug und Anzünder und kehrten zurück. Wilde Hunde hatten sich unserem Camp angenähert! Na grandios! Wir verjagten diese und zündeten das Feuer an. Mit Platten in der Nähe bauten wir noch einen Schutz um uns herum gegen den Wind und die Hunde.*

*Anschließend rückten wir mit unseren Schlafsäcken näher ans Feuer – welch wohltuende Wärme! Wir schliefen ein und im Morgengrauen erwachten wir. Erst jetzt sahen wir vor uns die in Nebel gehüllten Ruinen. Es sah aus wie in einem Traum. Da sahen wir auch schon eine in schwarz gekleidete Person auf uns zukommen. Wir dachten nur: „Mist, hoffentlich wartet keine Strafe wegen illegalen Campens auf uns!" Es war ein Wachmann der auf uns zukam. Er näherte sich uns und fragte höflich, ob er auf unserem Feuer Tee kochen könne. Wir lachten erleichtert auf und tranken mit den Wachmännern gemeinsam Tee, packten anschließend unsere Sachen und traten ein in die geheimnisvollen Jesuitenruinen.*

Wie du siehst, ist es gar nicht so schlimm kein Hostel oder Ähnliches zu finden.

**Tipp**: Insbesondere in westlichen Ländern sind Unterkünfte teuer, hier ist eine Budgetvariante die Übernachtung auf Campingplätzen. In Entwicklungs- und Schwellenländern ist das allerdings weniger verbreitet und durch die günstigen Unterkunftspreise auch nicht nötig.

## Navigation

Du bist in deinem Reiseland, möchtest irgendwohin hast aber keine Ahnung wie du dahin kommst? Dann werde ich dir beim Navigieren helfen. Solltest du schon eine SIM-Karte haben ist es natürlich extrem leicht und du kannst einfach Google Maps befragen. Was machst du aber in Regionen, in denen du keinen Empfang hast oder wenn du noch keine inländische SIM-Karte dein eigen nennst?

Planst du Routen mit dem Auto oder bist ohne Internet unterwegs, empfehle ich dir im Vorfeld die Offline Karte der Stadt bzw. deiner Zielregion bei Google Maps herunterzuladen. Tu dies dann, wenn du gerade WLAN hast um Datenvolumen zu sparen – also im Café, Flughafen oder in deiner Unterkunft. Das ist wirklich die sicherste und einfachste Methode, um auch ohne Internet ans Ziel zu kommen, da dein Standort per GPS trotzdem aktualisiert wird. So siehst du in welche Richtung du dich bewegst und wo du dich befindest. Mit Smartphone zu navigieren ist wirklich einfach. Doch was machst du, wenn du dich nicht auf dein Smartphone verlassen kannst?

**Navigation nach alter Schule** ist eine schöne Abwechslung, weil du sie immer nutzen kannst und nicht von deinem Handy abhängig bist. Schritt Nummer 1 sollte immer sein, dass du dir eine Karte besorgst. Du findest vielleicht eine in deinem Reiseführer. Falls nicht, frage dich zur nächsten Touristeninformation durch – dort gibt es Stadtkarten umsonst. Nun, da du im Besitz einer Stadtkarte bist, findest du erstmal heraus wo du dich auf der Karte befindest. Gar nicht so einfach ohne Google Maps? Kein Problem – gehe einfach zur nächsten Straßenecke und schaue dir die Straßennamen an. So kannst du bestimmen wo du dich befindest. Du brauchst erst einmal einen groben Anhaltspunkt? Schaue nach imposanten Gebäuden oder Plätzen in deiner Nähe – diese sind auf der Karte leichter zu finden. Du hast nun deinen Standpunkt gefunden – sehr gut! Nun suche dir den Weg auf der Karte. Orientiere dich dabei immer an Kreuzungen, so weißt du wo du dich aktuell befindest. Damit du am Anfang nicht direkt in die falsche Richtung startest, finde deine grobe Laufrichtung indem du dich an der Uhrzeit und der Sonne orientierst. Ich rede jetzt nicht von dem alten Pfadfinder-Trick mit den Stunden- und Minutenzeigern. Merke dir ganz einfach wie in der Schule: Im Osten geht die Sonne auf, im Süden nimmt sie ihren Lauf, im Westen wird sie untergehen, im Norden ist sie nie zu sehen. Einfach oder? Ist es also Mittag, dann weißt du, dass dort wo du die Sonne am Horizont siehst, Süden ist. So kannst du direkt in die richtige Richtung starten. Aber Vorsicht: Die Regel gilt nur auf der Nordhalbkugel. Befindest du dich auf der Südhalbkugel steht die Sonne mittags im Norden. Dass sie im Osten auf- und im Westen untergeht, bleibt gleich. Dieses Wissen erspart dir, dass du direkt in die falsche Richtung gehst und nicht weißt warum. Aber so sollte die Navigation auch ohne Handy funktionieren.

Auf der Reise

**Der Sonnenstand hilft dir bei der Navigation.**

Jetzt kommen wir zu dem spannendsten Teil – der Navigation ohne Handy und Karte. Natürlich kannst du dich auch hier an den Himmelsrichtungen orientieren. Falls du aber etwas Bestimmtes suchst, wirst du Leute nach dem Weg fragen müssen. Das ist aber kein Problem, die meisten Einheimischen helfen dir gerne. Es kann jedoch passieren, dass du Einheimische fragst und diese sagen dein Ziel wäre in der einen Richtung. Fragst du den nächsten zeigt er in die Richtung aus der du kamst. Klingt verrückt? Ist es auch! Du denkst die Leute machen sich einen Spaß mit dir und veräppeln dich? Nein – sie führen gar nichts Böses im Schilde. Es ist einfach ein kultureller Unterschied dafür verantwortlich. In manchen Regionen wie z.B. in Lateinamerika werden die Leute nicht zugeben, dass sie nicht wissen wo sich etwas befindet. Sie wollen ihr Gesicht wahren, und dass ist ihnen wichtiger als zuzugeben, dass sie den Weg nicht kennen. Sie schicken dich also bei Unwissenheit wahllos in irgendeine Richtung. Das ist natürlich ärgerlich, wenn man das nicht weiß, und sich auf eine Aussage verlässt. In solchen Ländern solltest du mindestens zwei Passanten getrennt voneinander nach dem Weg fragen. Weisen sie in unterschiedliche Richtungen, weißt du, dass etwas faul an der Sache ist und du fragst besser noch weitere Personen. Taxifahrer, Polizisten und Leute die im Tourismus-Bereich arbeiten sind übrigens eine gute Informationsquelle. Dahin wo die Mehrheit der Befragten gezeigt hat, gehst du dann. Denn dort liegt wahrscheinlich das Ziel. Das ist wie in der Statistik. Es gibt immer Ausreißer. Sollte dich die Mehrheit wirklich in die Irre führen, müsstest du schon wirklich großes Pech haben.

## Ausrüstung ergänzen

Bist du in deinem Reiseland angekommen, wirst du dich darüber wundern, was die Menschen dort tragen, seien es Kopfbedeckungen oder Gewänder. Es mag zwar seltsam anmuten, aber diese Kleidung wird aus gutem Grund getragen. Lange weiße Kleidung schützt beispielsweise vor Sonnenbrand und Hitze. Die Kopfbedeckungen im Nahen Osten und Nordafrika schützen vor dem Sand, der durch die Luft gewirbelt wird und dienen ebenso als Sonnenschutz. Die Kleidung hat sich oft aus den lokalen Bedürfnissen entwickelt, was auch ihre Praktikabilität erklärt.

Einen anderen Einfluss auf die Kleidung haben sozio- kulturelle oder religiöse Begebenheiten. So gilt es in manchen Ländern als respektlos kurze Hosen zu tragen. Das spiegelt sich auch an den Eingängen zu religiösen Bauten in Form von Kleiderordnungen wider. An solchen Orten wird immer Knie- und Schulterbedeckende Kleidung gefordert.

Du kannst also deinen Respekt vor den Einheimischen ausdrücken in dem du dich so anpasst, wie du dich wohl fühlst. Natürlich musst du das nicht. Einheimische werden verstehen, dass ein Fremder auch einen anderen Kleidungsstil pflegt.

Die lokale Kleidung kann sehr praktisch sein, weshalb du dir überlegen solltest ob du deine Ausrüstung nicht mit einigen Dingen ergänzt. Hier schildere ich dir ein Beispiel wo es sich für mich gelohnt hat.

*Exkurs Marokko:*

*Vier meiner Studienfreunde und ich waren mit einem Mietwagen in Marokko unterwegs. Der Mietwagen war perfekt um entlegene Orte zu besuchen und unabhängig unterwegs zu sein. Allerdings war im Juni die sengende Sonne tagsüber schon sehr unangenehm. Umso besorgter schauten wir unserer Tour in der Sahara entgegen. Viele Einheimische hatten lange luftige Kleidung und Kopfbedeckungen auf, um sich vor der Sonne zu schützen. Da wir in einem Wüstencamp übernachten wollten und uns zumindest die Kopfbedeckung praktisch vorkam, hielten wir bei einem Verkaufsstand unterwegs an. Der Preis für ein Tuch war recht günstig und da wir alle eines wollten, erhielten wir einen guten Gruppenrabatt. So ausgerüstet fuhren wir zu unserem Treffpunkt mit dem Beduinen-Tourguide und im Anschluss in die Sahara. Die Mittagshitze war hier nochmals deutlicher zu spüren und es war keine Wolke am Himmel. Wir wickelten uns zum Schutz die Tücher um den Kopf. Tatsächlich machte allein das die Sonne schon angenehmer. Später am Tag machten wir eine Kameltour durch die Wüste. Das Ziel waren die Gipfel der Dünen. Dort marschierten wir zu Fuß hinauf um den wunderbaren Sonnenuntergang abzuwarten. Erst jetzt zeigte sich die praktischste Funktion des Kopftuches: Die einheitliche Farbe ließ uns wie eine coole Boyband aussehen. Nein Spaß – das war nur ein witziger Nebeneffekt. Aber dort oben auf den Dünen wehte es uns den Sand nur so um die Ohren. Mit jeder gesprochenen Silbe trug der Wind Sandkörner in unsere Münder. Doch das Kopftuch konnte so gewickelt werden, dass es auch Mund und Nase bedeckte! Das taten wir und waren positiv von der*

*Schutzfunktion überrascht! Wir konnten normal atmen und sprechen und dass alles ohne Sand zu husten.* Hier zeigte sich, dass lokale Kleidung sehr praktisch ist und gegen die Wettereinflüsse vor Ort schützen kann. Ziehe es also auch du in Erwägung, solche Dinge günstig vor Ort zu erwerben. Es ist ein einfaches, günstiges Tuch und schützt genauso gut wie die High- Tech-Marken Kopfausrüstung für 1000 €.

**Lokale Ausrüstung schützt perfekt gegen örtliche Wettereinflüsse.**

Nicht nur Kleidung, sondern alle möglichen Dinge, die du benötigst wirst du vor Ort auf Märkten oder in Supermärkten finden. Falls du

*Ausrüstung ergänzen*

also etwas vergessen hast, ist das kein Grund zur Sorge. Meine Strategien wie du erfolgreich um den Preis verhandelst, findest du im Kapitel „Geld sparen durch Preisunterschiede".

## Geld sparen durch Preisunterschiede

Wie du schon gemerkt hast, unterscheiden sich die Produktpreise vor Ort deutlich von denen in deiner Heimat.

Das bietet dir beispielsweise die Möglichkeit deinen Kleiderschrank aufzustocken und dabei kräftig Geld zu sparen. Je nach Land zahlst du für T-Shirts, Badeshorts, Alpakaschals und allerlei Klamotten weniger als ein Drittel des Heimatpreises. Benötigst du also sowieso neue Kleidung, ist dein Reiseland der optimale Ort dafür. Das Beste: Die Kleidung ist so individuell, dass du wohl der einzige in deinem Freundeskreis damit bist.

Der Klassiker ist sich in Südostasien (besonders Thailand) einen Maßanzug schneidern zu lassen. Ich habe diese Leistung auch in Anspruch genommen und unter 200 € bezahlt. In Deutschland bezahle ich für so eine Leistung mindestens 600 €. Achte allerdings auf Empfehlungen von Freunden, um einen guten Schneider zu finden, denn die Qualität unterscheidet sich gewaltig.

Aber nicht nur Kleidung ist günstig, ebenso alles was lokale Handwerker anbieten. Seien es Dekoration, Kunst, Gewürze, Alkohol, Zigarren oder Schmuck. Jedes Land hat seine eigenen Schmuckstücke. Beachte jedoch die Zollvorschriften bevor du dich groß eindeckst und dann Probleme bei der Einreise bekommst. Du findest diese hier: www.zoll.de.

Wo findest du nun aber solche schönen Dinge? Gehe dazu auf den lokalen Markt! Ein Kunsthandwerkmarkt ist beispielsweise ein schöner Ort für Souvenirs und Geschenke.

Gut du bist nun auf dem Markt, fühlst dich aber bei den Preisen über den Tisch gezogen? Das ist normal. Die meisten Händler nennen zuerst einen überzogenen Preis. Denn sie wissen, dass es viele Europäer nicht gewohnt sind zu handeln. In anderen Kulturen ist das aber Gang und Gebe. Deshalb brauchst du dich davor nicht zu scheuen! In manchen Ländern wird es sogar als Beleidigung empfunden nicht zu verhandeln. Aber woher weißt du nun was ein marktüblicher Preis ist?

Frage dazu Einheimische, um eine erste Orientierung zu erhalten. Du solltest dir angewöhnen mehrere Markthändler nach dem Preis der Produkte zu fragen die du gerne möchtest. Stell dir auch immer die Frage was du maximal bereit bist dafür auszugeben. So verhinderst du eine Abzocke. Nachdem du mehrere Händler gefragt und etwas Schönes gefunden hast, solltest du versuchen zu handeln. Was du dabei rausholen kannst ist je nach Land ganz unterschiedlich. Ich empfehle dir 30 % des Anfangsgebots als Gegenangebot vorzuschlagen. Der Händler wird mit etlichen Begründungen kommen, warum das nicht möglich sei. Er nennt dann meist einen niedrigeren Preis als zu Beginn. Dann nennst du einen etwas höheren Preis als am Anfang. Gehe aber nur in kleinen Schritten vor. So geht das Spiel dann eine Weile bis ihr euch bei ca. 50 % des Anfangspreises trefft. Die Händler machen dadurch immer noch einen guten Gewinn und du zahlst einen marktüblichen Preis. Am Ende sind beide Seiten zufrieden.

**Tipp**: Kommt dir der Preis immer noch überzogen vor und der Händler nennt keinen niedrigeren, versuche langsam wegzugehen. Das signalisiert dem Händler, dass er zu hohe Forderungen stellt. In den meisten Fällen wird er dir noch ein letztes Angebot machen. Allerdings kann diese Technik auch nach hinten losgehen und der Händler wird keine Reaktion zeigen. Dann weißt du, dass es wirklich der letzte Preis war. Du kannst dann immer noch für den Preis zuschlagen oder dein Glück beim nächsten Händler versuchen. Meist bieten alle Händler ähnliche Sachen an.

*Exkurs Marokko:*

*Es war der vorletzte Tag in Marrakesch. Da noch Platz im Gepäck war, beschlossen wir auf den lokalen Basar zu gehen und uns mit Geschenken einzudecken. Wir teilten uns auf und jeder ging in verschiedene Läden. Ich fragte gleich die ersten Händler nach den Preisen für orientalische Lampen, weil mir diese gut gefielen. Allerdings erschien mir der Preis noch recht teuer. Da fiel mir ein, dass es meistens so teuer ist, denn die Händler zu Beginn des Marktes machen sich die Unwissenheit der Touristen zu Nutze. Ich begab mich also immer weiter in den Markt hinein und entdeckte ein sehr schönes Lampengeschäft. Einer meiner Freunde war zufällig ebenfalls da. Wir schauten uns um und jeder hatte eine Lampe gefunden die er gerne haben wollte. Da wir die ungefähren Preise schon durch die anderen Händler kannten, handelten wir zuerst den*

*Preis für eine Lampe auf ca. 50 % des Anfangspreises. Dann sagten wir, dass wir noch eine zweite nehmen würden und dann für jede 45 % zahlen. Händler geben meist einen Rabatt, wenn mehrere Artikel gekauft werden. Auch dieser willigte ein und wir kauften. Dann gingen wir alle glücklich weiter unserer Wege.*

Wie du siehst, kannst du mit diesen Tipps schöne und einzigartige Dinge für wenig Geld kaufen. Du musst aber nicht bei jeder Verhandlung das Maximale herausholen. Erscheint dir dein Gegenüber hilfsbedürftig, kannst du auch gerne großzügig sein.

Das tolle an den exotischen Märkten ist, dass du die lokale Wirtschaft unterstützt, wunderschöne Produkte erwirbst und dabei selbst noch Geld sparst!

Manchmal sparst du sogar so viel Geld, dass dein Flug sozusagen kostenlos war! Z.B. habe ich sowieso einen Anzug benötigt und durch die Preisunterschiede 400 € gespart. Das allein ist fast ein Hin- und Rückflug!

**Tipp**: Kaufe Souvenirs erst am Ende deiner Reise ein. So bleibt dein Rucksack während der Reise leicht und bequem.

# Telefon

In der EU kannst du dein Handy wie üblich nutzen, da die hohen Roaming-Gebühren Mitte 2017 abgeschafft wurden. Dadurch kannst du wie gewohnt im Internet surfen und bist nicht auf WLAN angewiesen. Ebenso verhält es sich mit eingehenden Anrufen und SMS. Das macht die Handynutzung innerhalb der EU bequem und einfach.

Bist du außerhalb von Europa unterwegs, wirst du sehr schnell merken, wie anders es doch sein wird, wenn du dein Telefon nicht nutzen kannst. **Achtung: Stelle unbedingt dein Datenroaming aus! Im Nicht-EU Ausland können horrende Roaming-Gebühren anfallen!** Beispielsweise kosten bei meinem Anbieter 10 KB in Thailand 15 Cent. Weißt du wie wenig 10 KB sind? Ein Bild per Whatsapp zu verschicken kann locker 200 KB benötigen – das wären dann schon 3 €! Oft gibt es eine Obergrenze von ca. 60 € Datenkosten, was 4 MB entspricht. Das ist sehr wenig Datenvolumen. Danach wird die mobile Datenverbindung abgeschaltet. Die 60 € musst du aber nicht verschenken! Gönne dir davon lieber einen oder mehrere Ausflüge oder gutes Essen! Deswegen stelle dein Datenroaming noch im Heimatland aus!

Stell dir vor du bist außerhalb der EU, kommst am Flughafen an, steigst in einen Bus, Zug oder ein Taxi und fährst in die Stadt. Deine mobile Datenverbindung wurde deaktiviert. Nun willst du die Stadt entdecken und versuchst wie gewohnt per Google Maps zu navigieren oder bei Tripadvisor die angesagtesten

Sehenswürdigkeiten zu finden. Das wird ohne Internet nicht funktionieren. Du möchtest per Handyapp ein Taxi bestellen – es wird nicht funktionieren. Du möchtest einmal schnell deine Unterkunft anrufen oder dein nächstes Hotel unterwegs buchen? Ohne Internet wird es nicht funktionieren, bzw. ein Anruf wird horrende Kosten verursachen. Du wirst sehen, du nutzt dein Handy im Alltag häufiger als du denkst. Dir fällt es sonst nur nicht auf. Was kannst du nun machen, um auf den gewohnten Luxus zurückzugreifen?

Ich empfehle dir für jede längere Reise eine lokale SIM-Karte zu kaufen, und zwar so schnell wie möglich nach deiner Ankunft. Lass dich dazu gerne vom Hostel-Personal beraten, denn das weiß oft welche der vielen Anbieter die besseren sind. Du weißt nicht wie du zum Hostel kommst? Am Flughafen gibt es mit Sicherheit kostenloses WLAN, damit kannst du wie gewohnt im Internet surfen. Alternativ lässt du dir bei der Unterkunft-Buchung eine Anfahrtsbeschreibung geben.

Eine lokale SIM-Karte hat viele Vorteile. Du kannst während irgendwelchen Warte- oder Reisezeiten nach Unterkünften, Flügen oder Aktivitäten für deine weitere Reise suchen. Du kannst dich mit lokalen Leuten verabreden, die du kennengelernt hast. Du kannst per App wie z.B. Grab Taxis bestellen.

Du weißt nicht was Grab ist? Grab ist in Asien eine weit verbreitete App und funktioniert ähnlich wie Uber. Du gibst deine Zieladresse ein und dir werden die voraussichtliche Fahrtdauer und der

Fahrtpreis angezeigt. Buchst du, wird dein Standort an Fahrer in deiner Nähe übermittelt und diese holen dich ab und bringen dich zum Ziel. Der Vorteil dabei ist: Du kennst sofort die Preise und vermeidest so von Taxifahrern übers Ohr gehauen zu werden (dadurch allein lohnt sich die SIM-Karte schon nach wenigen Fahrten).

Mit der SIM-Karte kannst du auch wie gewohnt mit deinen Lieben zu Hause schreiben und Bilder austauschen. Vor Ort kannst du aber auch navigieren und dir Bewertungen von Restaurants und Agenturen anschauen. So minimierst du die Wahrscheinlichkeit eine negative Erfahrung zu machen.

Natürlich kannst du auf all das auch verzichten. Es wird dann eine ganz andere Erfahrung sein. Aber früher ist auch noch niemand mit dem Smartphone verreist. Es wird ruhiger und du wirst andere Erfahrungen machen. Du kannst ja beides einmal ausprobieren, bzw. dir das Handy als Reserve mitnehmen. **Das Handy nicht zu nutzen macht deinen Urlaub nicht schlechter, nur anders.** Es ist pure Erholung nicht ständig auf den Smartphone-Bildschirm zu starren und du nimmst deine Umgebung intensiver wahr. Hängst du in der Heimat öfters als gewollt am Bildschirm, empfehle ich dir das Handy für ein paar Tage komplett ausgeschaltet zu lassen. So lenkst du deine Aufmerksamkeit auf dich und deine Umgebung und die Reise wirkt viel intensiver.

# Internet

Falls du Internet benötigst und nicht auf dein mobiles Daten Volumen zurückgreifen kannst/ möchtest, gibt es verschiede Orte an denen du im Internet surfen kannst.

Hier ist eine Liste von möglichen kostenlosen WLAN Spots:

- MC-Donalds;
- Flughäfen;
- Restaurants/ Cafés;
- Bus-/ Zugterminals;
- Deine Unterkunft.

Oft werben Restaurants mit WLAN und haben ein großes Schild mit dem WLAN Symbol aufgestellt. Alternativ gibt es auch noch Internetcafés an denen du kostenpflichtig Rechner nutzen kannst. Manchmal stehen Rechner auch kostenlos in deiner Unterkunft zur Verfügung. In der Praxis gibt es wirklich sehr wenige Orte an denen du gar keinen Internetempfang hast.

# Feiertage

Hast du schon mal probiert sonntags einkaufen zu gehen? Dasselbe Problem kannst du in anderen Ländern an anderen Wochentagen haben! Deshalb ist es sehr wichtig für deine Reiseplanung vor Ort herauszufinden, welche Tage dies in deinem Reiseland sind und wie sie sich auswirken. In christlich geprägten Ländern ist der Sonntag der freie Tag. Aber auch hier gibt es von Land zu Land Unterschiede. Während in manchen Ländern Einkaufsläden komplett geschlossen sind und es einen anderen Fahrplan für öffentliche Verkehrsmittel gibt, kann in anderen Ländern alles seinen gewohnten Gang gehen. Diese Gegebenheiten können sich sogar in einem Land je nach Region unterscheiden! Kulturen mit anderem religiösen und geschichtlichen Hintergrund haben auch andere Feier- und freie Tage. Beispielsweise ist es in Israel von Freitagabend bis Samstagabend sehr schwer weiterzureisen, da die öffentlichen Verkehrsmittel während des Sabbats sehr stark eingeschränkt werden. In muslimisch geprägten Ländern wiederum ist während und oft nach dem Freitagsgebet jeglicher Betrieb stillgelegt. Auch das kann zu seltsamen Situationen führen, wenn du dich vorher nicht informiert hast. Hier mal eine Geschichte wie aus einer einfachen Reise eine kleine Odyssee wurde.

*Exkurs Jordanien:*

*Zum ersten Mal war ich auf eigene Faust in einem muslimischen Land unterwegs. Dementsprechend kannte ich mich wenig mit den Gepflogenheiten aus. Ich hatte für Freitagmorgen 6 Uhr geplant mit dem Bus von Amman Richtung Petra zu reisen. Die Busse fuhren tatsächlich nur einmal am Tag! Und das in aller Frühe. Da ich ein paar Sicherheitsregeln bezüglich des Essens missachtet hatte (siehe Kapitel Essen und Trinken), war ich gesundheitlich nicht in der Lage den Bus um 6 Uhr zu nehmen. Ich dachte mir, dass bestimmt noch ein anderer Bus fahren würde. Also begab ich mich zur Busstation. Diese war menschenleer. Nur ein paar Jugendliche spielten dort, und ich fragte sie auf Englisch wann denn der nächste Bus Richtung Petra fahre. Sie waren sehr höflich, verstanden aber kein Englisch und holten einen Erwachsenen dazu. Dessen Englisch war leider nur wenig besser, aber ich machte ihm anhand meiner Karte klar, wohin ich reisen wollte. Er sagte mir, dass es heute keinen Bus mehr gebe, aber ich könne ein Taxi nehmen. Das war mir allerdings zu teuer und als er es verstand, schlug er mir vor ein Sammeltaxi zu nehmen, dass in den nächsten Ort neben Petra fahren würde. Der Preis war ok, also willigte ich ein und wurde zu dem Taxi geführt. Ich wurde angewiesen einzusteigen und im Inneren war ich sichtlich verwundert über meine Begleiter. Einer trug ein arabisches Gewand, der nächste sah mit seiner Lederjacke und Sonnenbrille aus wie ein Rockstar, der nächste war mit Jeans, T-Shirt und Flipflops unterwegs. Und dann kam ich noch mit meinen Wanderstiefeln und dem großen Rucksack. Das hat wohl wirklich ein seltsames Gesamtbild abgegeben.*

*Schon bald fuhren wir los. Keiner wechselte ein Wort miteinander und wir fuhren auf der jordanischen Autobahn gen Süden. Mit jeder Stunde wurde es heißer und die Außentemperaturen erreichten um die 40 Grad Celsius. Zum Glück hatten wir eine Klimaanlage. Der*

## Auf der Reise

*Fahrer kannte mein Ziel und als wir ca. 50 km vor dem Nachbarort waren, fragte er mich allen Ernstes ob ich hier an der Abfahrt nach Petra aussteigen wolle. Bei 40 Grad Hitze, keinem Schatten und ohne eine weitere Menschenseele? Doch er meinte es ernst! Er sagte, mich werde schon jemand mitnehmen und nach Petra bringen, Inschallah (wenn Gott will). Auf dieses gefühlte Selbstmordkommando wollte ich mich dann doch nicht einlassen und fuhr weiter mit meinen Begleitern zum Ziel Ma´an, dem Nachbarort von Petra. Dort wurde ich an einer Bushaltestelle herausgelassen wo ein regelmäßiger Bus nach Petra verkehren sollte. Pustekuchen! Die in die Jahre gekommene Bushaltestelle sah aus, als ob seit Ewigkeiten kein Bus mehr hier angehalten hatte! Ich fragte einen Einheimischen, ob hier der Bus nach Petra fahre. Er sagte normalerweise ja, aber gleich sei das Freitagsgebet, deshalb werde heute kein Bus mehr fahren. Na toll. Ich bedankte mich und navigierte mich mit Karte zum zentralen Busbahnhof. Leider war hier auch alles wie ausgestorben. Ich ging also zu einem Taxi und fragte, ob er mich nach Petra fahren könnte. Er schaute auf die Uhr und meinte, ja aber wir müssten uns beeilen. Also stieg ich ein und wir rasten los! Es war in der Tat nicht möglich gewesen einen späteren Bus am Freitag zu bekommen! Ich lehnte mich entspannt zurück und dachte wir kommen sicher in Petra an. Plötzlich erhielt der Fahrer einen Anruf. Er schien ganz verstört zu sein. Auf Nachfrage erzählte er mir, dass sein Kind von der Kommode gefallen wäre und er jetzt spontan nach Hause müsse. Aber er lasse mich an der Kreuzung nach Petra heraus. Das war mitten im nirgendwo! Immerhin gab es einen Wassermelonenstand mit zwei Verkäufern! Da wir nur die halbe Strecke gefahren waren, musste ich nur den halben Preis bezahlen. Ich fragte ihn wie ich den jetzt weiterkommen solle. Er sagte nur inschallah, so Gott will, werde schon jemand vorbeikommen und ich könnte per Anhalter mitfahren, das wäre hier so üblich. Grandios. Ich gesellte mich zu den Melonenverkäufern in den Schatten. Leider begrenzte sich unsere Kommunikation aufgrund der Sprachbarriere auf „Hello-Mister". Ein erstes Auto kam vorbei. War das meine Rettung? Ich sprang auf und hielt den Daumen raus. Fehlanzeige, das Auto raste vorbei! Toll – 10 Minuten gewartet und dann so etwas. Nach weiteren 15 Minuten kam ein Jeep an und ließ einen Jungen aussteigen. Ich nutzte die Chance und machte eine Handgeste. Der Fahrer ließ die Scheibe herunter und ich fragte ihn, ob er mich nach Petra mitnehme. Er willigte ein. Ich war gerettet! Er wollte nicht einmal Geld von mir. So kam ich dann am Ende doch noch in Petra an! Inschallah hatte also doch funktioniert!*

Es war zwar ein spannendes Abenteuer, aber ich hätte eine deutlich entspanntere Reise haben können, wenn ich darauf geachtet hätte welche Tage in Jordanien heilig sind und wie sich das auswirkt. Mache also nicht den gleichen Fehler, außer du willst auch eine kleine Odyssee erleben und auf Gott vertrauen. ☺

## Kommunikation

Du hast Bedenken, dass dich niemand vor Ort versteht? Keine Sorge – mit Schulenglisch wirst du in den meisten Gegenden irgendwie durchkommen. Du denkst dir: „Ohje mein Englisch ist wirklich schlecht"? Das macht nichts. Ich habe schon Franzosen durch Lateinamerika reisen sehen, die weder Englisch noch die Landessprache beherrschten. Benötigst du vor Ort Hilfe oder Informationen, wende dich an Menschen, die im Tourismussektor arbeiten. Dort wird zumindest rudimentäres Englisch gesprochen. Komm bitte nicht auf die Idee die Leute mit Deutsch anzusprechen, das hat bei Einheimischen noch nie geklappt. Rede von Beginn an Englisch und falls du bemerkst, dass dein Gegenüber weniger gewandt darin ist, spr019e langsam, deutlich und benutze einfaches Vokabular und Grammatik. Vor allem die jüngeren Generationen verfügen erfahrungsgemäß über bessere Englischkenntnisse. Deshalb spreche ich bevorzugt Menschen unter 40 Jahren an. Sollte dein Gegenüber kein Englisch sprechen, wird meistens jemand mit Sprachkenntnissen geholt mit dem du dich unterhalten kannst.

Selbst in Situationen in denen du sprachlich nicht kommunizieren kannst, hast du immer noch Hände und Füße. So kannst du deinem Gegenüber klar machen was du gerne möchtest. Das erinnert zwar an Pantomime, ist aber immer möglich und von außen betrachtet auch lustig.

Suchst du einen Ort, kannst du mit einer Karte auch einfach darauf deuten und fragend schauen. Das ist ein internationales Zeichen für: „Bitte hilf mir dahin zu kommen."

**Tipp**: Lerne im Vorfeld die wichtigsten Begriffe in der Landessprache. Das hilft dir in solchen Situationen weiter. Dazu gehören Essen, Trinken, Bett, Bahnhof, Flughafen, Geldautomat und Toilette.

## Sozialer Anschluss

Du fühlst dich einsam, dein Travelbuddy geht dir auf den Geist oder du möchtest einfach nette Leute kennenlernen? Kein Problem – hier zeige ich dir die besten Tipps um Anschluss zu finden und mit anderen ins Gespräch zu kommen.

Erst einmal solltest du wissen, dass es vielen Reisenden so geht wie dir. Insbesondere Alleinreisende haben die Einsamkeit irgendwann satt und freuen sich über Gesellschaft. Denn es ist schade, wenn so viele Abenteuer durchgemacht werden, so viel passiert und keiner da ist, mit dem die Erfahrungen geteilt werden können. Dabei haben doch gerade Backpacker die interessantesten Dinge erlebt und die besten Geschichten auf Lager! Nicht nur das, jeder Backpacker hat auch wichtige aktuelle Informationen und Insidertipps über die Orte die er gerade bereist hat. Wie toll ist es, wenn in der Community dieses Wissen geteilt wird, so dass alle das Optimum aus ihrer Reise herausholen können? Sei auch du Teil der Community, gib Informationen und nehme Informationen. Vor allem aber teile deine Erfahrungen und höre dir spannende Geschichten an, am Ende findest du vielleicht Freunde fürs Leben.

Reist du in einer Gruppe, wirst du ein schwächeres Bedürfnis nach sozialem Anschluss haben, da du ja mit einem oder mehreren Freunden unterwegs bist und du somit immer einen Gesprächspartner hast. Es ist auch sehr schön die Erfahrungen mit jemandem zu teilen, aber manchmal wirst du das Bedürfnis haben auch andere Leute kennenzulernen. Das solltest du auch tun, schließlich könnten diese über wertvolle Informationen zu deinem nächsten Ziel verfügen. Oder du kannst ihnen wichtige Informationen geben. Aber vielleicht lernst du auch einfach nur verdammt coole neue Leute kennen? Vielleicht habt ihr einfach nur einen Abend Spaß zusammen oder es werden für ein Stück der Reise deine Wegbegleiter? Alles ist möglich, nichts ist ein Muss.

So nun aber dazu, wie du konkret neue Leute auf Reisen kennenlernst.

Ein guter Ort, um mit neuen Menschen ins Gespräch zu kommen, ist deine Unterkunft. Weißt du schon im Vorfeld, dass du gerne sozialen Kontakt haben möchtest, achte bei der Suche auf einen großen Gemeinschaftsbereich. Das kann z.B. ein Swimmingpool, ein großer Essbereich, ein Billiardzimmer oder eine Dachterrasse mit Bar sein. Leute die sich hier aufhalten, suchen meistens auch die Gemeinschaft. Du kannst einfach mal zu ihnen gehen und fragen, ob sie mit dir essen/ eine Runde Billiard spielen oder etwas trinken möchten. Stell dich einfach kurz vor und frage was sie heute so gemacht haben. Das Gespräch wird sich von alleine entwickeln, wenn du ehrliches Interesse an den Tag legst. Gute Fragen für interessante Gespräche sind:

- „Was war das spannendste/ schönste/ krasseste was dir auf dieser Reise passiert ist?"
- „Wo warst du schon und wohin möchtest du?" – Dadurch könnt ihr Informationen zu bereits bereisten Orten austauschen.

- „Was hast du heute noch vor? Hast du Lust etwas zu unternehmen?"

Ein Ort an dem du auch immer wieder Leute kennenlernen wirst, ist dein Schlafsaal. Buchst du einen Schlafsaal wirst du mit mehreren Menschen auf relativ engem Raum sein. Ihr teilt einen intimen Ort miteinander – euren Schlafraum. Dadurch können sich auch leicht Gespräche entwickeln. Schließlich ist es seltsam, wenn ihr nebeneinander an euren Rucksäcken hantiert und nicht „Hallo" sagt oder?

**Mein Tipp**: Besser ist es vor dem Schlafengehen mit den Leuten zu reden. Machst du es erst am nächsten Morgen, kann es schon sein, dass du unbemerkt Antipathien gesammelt hast. Wer genervt ist, da dein Schnarchen in der Nacht wie eine Waldrodung mit Kettensäge geklungen hat, wird nicht mit dir reden wollen. ☺

Mit Sicherheit werden auch vom Hostel Aktivitäten angeboten. Das können z.B. Stadttouren, Pub-Crawls oder Quiz-Nights sein. Das ist eine super Gelegenheit für dich neue Leute kennenzulernen. Denn die gemeinsame Aktivität schafft ein Verbundenheitsgefühl und ihr gehört der gleichen Gruppe an. Das erleichtert den Gesprächseinstieg.

**Ein Tipp von mir**: Halte dich nicht zurück, sondern baue selbst den ersten Kontakt auf. Wären alle nur zurückhaltend, dann würde niemand miteinander reden!

*Sozialer Anschluss*

Auch außerhalb des Hostels wird es genügend Angebote für Aktivitäten geben. Beispielsweise geführte Wanderungen auf einen Vulkan, Höhlenexpeditionen, Plantagen-Exkursionen, Tauchgänge, Schnorcheltouren, Lehrgänge, Yogasessions und vieles mehr. Mit Sicherheit interessiert dich davon etwas. Da es Gruppenaktivitäten sind, wirst du diese Aktivität mit anderen zusammen unternehmen. So findest du schnell einen Gesprächseinstieg.

Das schöne ist, nachdem du jemanden angesprochen hast und dich gut mit ihm verstehst, wirst du mit Sicherheit noch mehr Leute kennenlernen. Schließlich hat diese Person auch schon andere Leute kennengelernt, die später zum Gespräch dazustoßen können. Oder sie werden dir einfach vorgestellt. Und diese haben wiederum andere Leute kennengelernt. Du siehst, ist der Anfang gemacht, kennst du bald die ganze Gruppe oder gar das ganze Hostel!

Eine andere Möglichkeit Wegbegleiter zu finden ist das Internet. Hier findest du in Foren oder Facebook-Gruppen Gleichgesinnte die zur selben Zeit wie du an deinem Reiseziel sind. Poste einfach, ob jemand Lust hat dich bei was auch immer zu begleiten, bestimmt erhältst du eine Antwort. Denke immer daran, solltest du ein komisches, negatives Gefühl dabei haben, musst du dich nicht mit der Person verabreden. Auch falls du dies während der Reise hast – du bist immer in der Lage deinen eigenen Weg zu gehen. Fühlt ihr, dass es nicht passt – oder nur einer fühlt sich unwohl, geht einfach getrennte Wege. Du hast nur diese Reise und wäre es nicht schade diese mit schlechten Gefühlen zu vermiesen?

All die oben aufgeführten Tipps, kannst du natürlich auch außerhalb deiner Unterkunft oder von geführten Aktivitäten nutzen. Beispielsweise kannst du im Restaurant jemanden der alleine sitzt fragen, ob er sich über Gesellschaft freuen würde, ebenso im Bus.

Für dich als Reisender ist es natürlich extrem einfach andere Reisende ausfindig zu machen. Schließlich tragen sie lange Zeit einen großen Rucksack durch die Gegend. Zudem unterscheiden sie sich meist durch ihr Äußeres von der einheimischen Bevölkerung, ebenso wie du selbst. Da du weißt, wie sehr du dich über Gesellschaft freust, kannst du davon ausgehen, dass andere Reisende das auch tun. So kannst du ganz unverfänglich einfach ein Gespräch starten und schauen was sich daraus entwickelt.

Du kannst natürlich auch Einheimische kennenlernen. Mir fällt es immer am leichtesten mit Verkäufern, Taxifahrern, Tourguides oder Bedienungen ins Gespräch zu kommen. Besonders wenn gerade nicht viel los ist. Die Einheimischen sind meistens an deiner Geschichte interessiert und sie geben gerne Auskunft zu Land und Leuten. Frage sie einfach was du wissen möchtest. So lernst du die Kultur besser kennen. Vielleicht versteht ihr euch so gut, dass du sogar zum Essen oder zu einer Party eingeladen wirst.

Eine weitere Methode um neue Leute kennenzulernen ist Couchsurfing. Hierzu gehst du auf www.couchsurfing.com und erstellst ein Profil, falls du noch keines hast. Dann kannst du nach aufgeschlossenen Locals suchen, die dich einfach mal so für ein paar Stunden treffen wollen oder auch Übernachtungsmöglichkeiten anbieten. So eine Anfrage klappt leider nicht spontan, sondern benötigt mehr Planungszeit. Ich empfehle dir mindestens eine Woche vorher anzufragen. Aber wenn ihr euch treffen könnt, hast du einen Einheimischen, der dir gerne seine Lieblingsorte der Stadt zeigt und dir die Kultur des Landes näherbringt. Achja, solltest du bei ihm übernachten, ist es Gang und Gebe, dass du ein kleines Gastgeschenk mitbringst. Gummibärchen oder andere Leckereien kommen immer wieder gut an. Dass du dich respektvoll in seinem Haus verhältst, versteht sich von selbst oder? Mit einem Local unterwegs zu sein hat viele Vorteile, weil er dir die besten Restaurants, Bars, Märkte etc. zeigen kann. Vielleicht entsteht aus eurem Treffen eine Freundschaft, und dein Host kommt dich im Gegenzug auch mal ein paar Tage in deiner Heimat besuchen. Hast du noch keine Erfahrung mit Couchsurfing, schaue gerne mal auf die Website. Da gibt es auch einen Leitfaden für Einsteiger wie dich. Oder frag einfach mal in deinem Freundeskreis, ob jemand Erfahrung damit hat und dir helfen könnte.

Jetzt da du weißt wie du es anstellst, sollte es dir noch leichter fallen Kontakte zu knüpfen. Schließlich freuen sich beide Seiten über anregende Gespräche in guter Gesellschaft.

Hier ein paar Geschichten von mir, wie ich Leute auf meinen Reisen kennengelernt habe.

Es handelt sich um eine meiner Erfahrungen bezüglich Couchsurfing und wie ich eine schöne Zeit mit meinen neuen Zimmergenossen in einem Hostel verbracht habe.

Auf der Reise

*Exkurs Guatemala:*

*Meine erste Reise alleine und auch gleich das erste Mal in meinem Leben, dass ich Couchsurfing ausprobierte. Das hat mich auch gleich zu Beginn gerettet als am Bankautomaten meine Kreditkarte gesperrt wurde, doch das ist eine andere Geschichte.*

*Jedenfalls war das Couchsurfing eine sehr gute Sache. Ich konnte meinen Host Ariel, dessen Leben und seine Familie intensiv kennenlernen. Dadurch haben wir viel übereinander, über unsere Ansichten und unsere unterschiedliche Kultur gelernt. Das war sehr bereichernd. Ich finde durch jedes intensive Gespräch erhält man einen ganz anderen Blickwinkel auf das Leben.*

*Das schöne war, dass auch bei Problemen immer jemand vor Ort war, der helfen konnte. Letzten Endes hat sich daraus sogar eine Freundschaft entwickelt und Ariel hat mich bis jetzt sogar schon 2-mal in Deutschland besucht. Das Couchsurfing war eine sehr bereichernde Erfahrung.*

*Später als ich weitergereist bin, habe ich in einem Hostel in der Nähe von Tikal übernachtet. Ich hatte ein Bett im Schlafsaal gebucht. Am gleichen Tag kamen noch zwei andere Reisende an und als Zimmergenossen kamen wir gleich ins Gespräch. Wir verabredeten uns zum Abendessen und hatten eine Menge Spaß. Wir verstanden uns so gut, dass wir schließlich auch am nächsten Tag noch viel miteinander unternahmen. Wir erkundeten mit dem Kanu den nahe gelegenen See, kauften uns später am Tag zusammen eine Pinata, füllten sie und ließen den Abend beim Pinataspiel mit verbundenen*

*Augen und lautem Lachen ausklingen. Das dabei der Kopf der Pinata auf dem Strommast landete und wir mit dem Besen fast die Hostel Einrichtung zerstörten ist eine andere Geschichte.... Auf jeden Fall hatten wir eine Menge Spaß. Und dass alles hat nur mit einem einzigen Wort begonnen: „Hi".*

## Ausflüge

Du willst etwas sehen, etwas erleben und brauchst Equipment und jemanden der dich an diesen Ort führt? Dann solltest du dir eine Agentur suchen. Das kann beispielsweise der Fall sein, wenn du eine Rafting-, Mountainbike oder Dschungeltrekking-Tour machen möchtest. Natürlich könntest du auch versuchen auf eigene Faust aufzubrechen. Allerdings kennst du dich vor Ort nicht aus, kennst nicht die schönen Stellen, die sicheren Wege und die giftigen einheimischen Pflanzen und Tiere. Dazu hast du auch kein Equipment wie ein Zelt, Kochutensilien oder Werkzeug dabei. Deshalb rate ich dir jemanden zu suchen der all das hat und sich auskennt. Wie findest du nun solch eine Agentur? Falls du einen straffen Zeitplan hast, kannst du natürlich schon vorab im Internet nach einer Agentur mit guten Bewertungen suchen und direkt buchen. Die Touren die du online findest, werden auch vor Ort angeboten. Bei den Agenturen vor Ort erhältst du allerdings die besseren Preise. Oft bieten alle Anbieter ähnliche Touren an. Du solltest deshalb mehrere Agenturen aufsuchen, dich über den Preis informieren, das Equipment begutachten und ein gutes Gefühl haben bevor du etwas buchst. Stell dir vor du möchtest mit dem Mountainbike steile Waldwege, Straßen oder gar die bolivianische Deathroad herunterfahren und deine Bremsen funktionieren nicht richtig. Glaub mir, dieses Selbstmordkommando willst du nicht erleben! Deswegen ganz wichtig: **Immer das Equipment prüfen!**

Du solltest auch genau auf dein Gegenüber achten, wenn du dich über die Tour informierst. Wirkt er kompetent, vermittelt er

Sicherheit und Erfahrung oder ist er total aufgeregt, kann dir nicht in die Augen schauen, weicht Fragen aus und versteht dich nicht? Letzteres gibt dir ein ungutes Gefühl und sollte deine Alarmglocken schrillen lassen. Hast du ein ungutes Gefühl, buche lieber woanders. Meist deutet dieses Gefühl auf eine potentielle Gefahr hin.

Falls du noch Fragen hast oder dir über Dinge unsicher bist: Jetzt ist der Zeitpunkt deinem Gegenüber diese Fragen zu stellen! Denn bedenke: **Annahmen bergen immer die Gefahr von Missverständnissen.**

Für Tagesausflüge oder Wanderungen auf sicheren Wegen wie im Nationalpark, wo im Notfall auch Ranger anzutreffen sind, brauchst du natürlich keine Agentur. Hier kannst du auch selbst losziehen.

**Aber egal welche Art von Ausflug du machst, bei dir solltest du immer folgende Dinge tragen:**

- **Kamera;**
- **Trinkwasser! Mindestens 1,5l pro Tag, eher mehr (in Wüstenregionen habe ich auch schon 5l in 12h getrunken);**
- **Wichtige Medikamente;**
- **Handy, Bargeld und deinen Pass für Notfälle (Kontrollen).**

Deine restliche Ausrüstung passt du individuell an deine Tour an. Generell sind aber lange Klamotten und Wanderschuhe als Schutz vor Sonne, Abschürfungen und Insekten ratsam. Ich nehme gerne auch Snacks mit, falls ich unterwegs Hunger bekomme.

Erinnere dich was du alles in deinem großen Backpack hast oder breite den Inhalt vor dir aus, denn jetzt könntest du einige dieser Dinge brauchen.

**Tipp**: Ob bei einem Stadtbummel oder einer mehrtägigen Wanderung: Es macht immer Sinn nur das auf deinen Ausflug mitzunehmen was du wirklich benötigst. Alles andere macht deinen Rucksack unnötig schwer und deinen Weg mühsamer. Wähle deshalb je nach Tourenlänge dein Equipment und deinen Rucksack aus und verstaue den Rest im anderen Rucksack und in Tüten. Mit Sicherheit wird deine letzte Unterkunft die Sachen für dich sicher verwahren. So kannst du mit leichtem Gepäck losziehen. Das macht deinen Ausflug deutlich angenehmer, als mit einem 20 kg Rucksack durch die Gegend zu stiefeln.

*Exkurs Bolivien:*

*Nachdem wir mit einem kleinen Propellerflugzeug in Rurranabaque gelandet waren, konnten es Ruben und ich gar nicht mehr erwarten den Dschungel und mit ihm all die wilden Tiere zu erkunden. Der Landweg nach Rurrenabaque war laut Erzählungen so lang und beschwerlich, dass sich hier der Flug definitiv gelohnt hatte. Wir waren in dem Ort angekommen, hatten eine Unterkunft gefunden und machten uns nun auf eine Agentur zu suchen mit der wir uns in den Dschungel wagen konnten. Denn wir hatten weder die Ausrüstung für mehrtägige Dschungelexpeditionen, noch kannten wir uns vor Ort aus. Ganz abgesehen von den Gefahren die dort abseits der Zivilisation lauern konnten. Wir hörten uns also bei*

*Travelern und in der Unterkunft um und bekamen ein paar Tipps. Wir suchten dann die Agentur auf und erkundigten uns nach dem Angebot. Die Frau wirkte sehr kompetent und erklärte uns ausführlich was wir in einer 7-Tage Tour alles sehen und erleben konnten. Darüber hinaus waren wir nur zu viert. Ein Guide, ein Koch und wir zwei. Das klang wirklich gut. Zudem hatte der Guide einen lokal-indigenen Elternteil und kannte sich deshalb hervorragend im einheimischen Dschungel aus. Wir schauten uns noch das Equipment an – was wenig war, da wir uns unsere eigenen Unterkünfte bauen würden. Aber die Tarps, Macheten und Kochutensilien machten einen guten Eindruck. Wir buchten also mit der Agentur, hinterließen eine Anzahlung und kehrten zur Unterkunft zurück. Anschließend packten wir das notwendigste für die Dschungeltour in unsere Rucksäcke und kauften zwei große Einkaufstaschen in die wir unsere restlichen Sachen packten. Die Taschen konnten wir in unserer Unterkunft lassen während wir im Dschungel unterwegs sein würden. So ging es dann am nächsten Morgen voller Elan auf ins Abenteuer! Es war eine unvergessliche Erfahrung mit atemberaubenden Tierbegegnungen, anstrengenden Wanderungen und Nächten in selbstgebauten Unterkünften mitten im Geräuschkonzert der Dschungel-Tierwelt.*

## Sicherheit

Das Wichtigste auf deiner Reise ist, dass du gesund und munter bleibst. Deine Sicherheit hat immer oberste Priorität. Du denkst jetzt: „Wow, erst erzählt er verrückte Geschichten und nun belehrt er mich über Sicherheit?" Ich gebe dir Recht, das mag auf den ersten Blick paradox erscheinen. Bei genauerem Hinsehen ist es das aber nicht. Ich erkläre dir warum. Jede Reise und jedes Abenteuer birgt ein gewisses Risiko. Aber es geht hier darum das Risiko zu minimieren. Es kann auch noch genug passieren, wenn du das Risiko minimiert hast, da brauchst du dein Glück nicht extra herauszufordern. Hier gebe ich dir Tipps wie du dich gut vorbereitest, um ohne Probleme wieder heil zurückzukommen.

## Wertgegenstände

Denke daran: Für viele Einheimische bist du ein reicher Tourist, auch wenn du dich selbst nicht so siehst. Manche dieser Menschen sind so arm und verzweifelt, dass sie vieles tun würden um an Reichtum zu gelangen. Deswegen solltest du nicht mit deinem Hab und Gut protzen. Auch aus Respekt den Menschen gegenüber. Das bedeutet auf Statussymbole zu verzichten.

Was heißt das konkret? Trage keinen teuer aussehenden Schmuck und Uhren. Dazu gehört z.B. alles aus Gold, Silber und anderen Edelmetallen, sowie Perlen und Diamanten.

Hast du Wertgegenstände dabei, solltest du sie verdeckt transportieren. Das gilt auch für dein Handy und deine Kamera. Generell solltest du dir überlegen, ob du nicht ein älteres, günstigeres Handy auf die Reise mitnimmst. An touristischen und überwachten Plätzen kannst du meist ohne Probleme öffentlich Fotos machen, aber in ärmeren Gegenden solltest du diskreter vorgehen. **Denke daran: Stellst du deine Wertgegenstände öffentlich zur Schau, signalisierst du Reichtum und dass es sich lohnt dich zu überfallen.** Das erhöht die Wahrscheinlichkeit Opfer eines Diebstahls oder Raubes zu werden.

Natürlich wirst du einige Wertsachen mit dir führen müssen. Generell gilt: Trage alle deine Wertgegenstände so, dass du sie im Auge behältst. Der Geldbeutel gehört nicht in die Gesäßtasche! Dort kann man ihn dir leicht entwenden! Tu ihn lieber vorne in die Hosentaschen oder eben in deinen Rucksack oder deine Tasche, dort ist er in deinem Blickfeld und für andere unsichtbar. Wie ich schon erwähnt habe: Den kleinen Rucksack mit den Wertgegenständen solltest du auf deiner Vorderseite tragen. Es ist schon vorgekommen, dass Diebe unbemerkt Rucksäcke aufgeschlitzt und Dinge entwendet haben! Geld kannst du alternativ verdeckt in einem Geldgürtel mit dir tragen.

Für Notfälle kannst du auch ein extra Portemonnaie mit Wechselgeld und abgelaufenen Kreditkarten bei dir führen, dass du im Ernstfall Räubern übergibst.

Bist du in einer Gruppe unterwegs, vermindert dies nochmals das Risiko Opfer eines Verbrechens zu werden. Schließlich seid ihr mehrere Personen, die gegenseitig auf sich Acht geben. Möchtest du also gerne mal durch die Stadt bummeln oder in ärmere oder verlassenere Gegenden gehen, frag doch einfach mal Reisebekanntschaften wie z.B. andere Reisende vom Hostel, ob sie gerne dasselbe wie du anschauen würden.

All diese Dinge machen es potentiellen Dieben schwer dich zu bestehlen, denn du erhöhst das Risiko bei der Tat entdeckt zu werden. Damit fällst du aus der Opferrolle heraus und Diebstahlversuche bleiben dir erspart.

Du hältst dich also an zwei Prinzipien:

1. Du signalisierst, dass es sich nicht lohnt dich zu bestehlen, da du keine Wertsachen hast;
2. Du erhöhst die Gefahr beim Diebstahl entdeckt zu werden.

Das sollte die meisten Diebe abschrecken und deine Reise sicherer machen.

Solltest du mit dem Bus oder Taxi fahren, empfehle ich dir deinen Rucksack mit den Wertgegenständen immer bei dir zu haben. Das heißt du nimmst ihn mit zu dir auf deinen Platz. Du willst doch nicht, dass jemand „aus Versehen" dein Gepäckstück im Gepäckraum des Buses verwechselt und du es nicht merkst, oder? Dann wären alle deine Wertgegenstände weg. Oder stell dir vor der Taxifahrer vergisst, dass du noch deinen Rucksack im Kofferraum hast und fährt einfach weg. Es wäre schon schlimm genug, wenn nur dein Backpack mit den Klamotten darin wäre. Aber wenn Reisepass, Kamera, Bargeldreserve etc. geklaut werden ist das nochmal ein viel größeres Problem. Solltest du schlafen wollen, empfehle ich dir den Rucksack auf deinen Schoß zu nehmen und ihn zu umarmen.

In deinen Unterkünften solltest du keine Wertgegenstände offen herumliegen lassen. So führst du auch niemanden in Versuchung, denn Gelegenheit macht Diebe. Übernachtest du in einem Schlafsaal, wird es einen Safe oder verschließbaren Spind geben. Das ist auch der Grund warum du ein Vorhängeschloss dabeihaben solltest. Alle Wertgegenstände die du gerade nicht brauchst, solltest du sicher verschließen. Ja, das bedeutet auch wenn du duschen gehst, schließlich sind deine Sachen währenddessen unbeaufsichtigt. Falls du ein Einzelzimmer hast, kannst du die Wertsachen im Schrank verstauen und die Zimmertür bei Verlassen abschließen.

In Kurzform bedeutet das: **Behalte deine Wertgegenstände immer im Blick und wenn du das nicht kannst, stelle sicher, dass kein anderer Zugriff darauf hat (Safe/ Spind).**

Natürlich kannst du nicht auf all deine Dinge Acht geben, deswegen rede ich hier nur darüber wie du mit den teuren Dingen umgehen solltest. Wird Kleidung gestohlen ist das natürlich ärgerlich, aber weniger tragisch als beispielsweise eine Kamera. Deinen kompletten Backpackinhalt wirst du allerdings nie in einem Hostelspind verstaut bekommen oder ständig mit dir herumtragen wollen.

## Auf der Reise

Hier eine Geschichte warum es wichtig ist die Wertgegenstände im Blickfeld zu haben.

*Exkurs Südamerika:*

*In Südamerika ist es üblich größere Strecken mit dem Fernbus zurückzulegen. Es werden auch Übernacht-Fahrten mit Essensservice und Entertainment angeboten. Während in manchen Ländern wie Argentinien die Busreisen verhältnismäßig sicher sind, sollte in anderen Ländern besser aufgepasst werden. Als ich in Bolivien mit dem Bus reiste, sah ich ein paar seltsame Dinge. Zum einen schien es normal zu sein, kleine Lämmer und Hühner mit in den Bus zu nehmen. Ein seltsamer Anblick, aber ok. Die Busfahrt verlief auch ruhig, ich machte mir wenig Sorgen, denn ich hatte meinen Rucksack mit den Wertgegenständen die ganze Zeit auf meinem Schoß. Als ich dann in Cochabamba ankam und mein Gepäck aus dem Bus holen wollte, war ich verwirrt. Denn als die Türen aufgingen lag dort ein Mann im Gepäckfach. Ich nahm meinen Rucksack zu mir und konnte keine Auffälligkeiten feststellen. Doch später im Gespräch mit anderen Reisenden erfuhr ich, dass diesen auf solchen Busreisen Wertgegenstände und Bargeldreserven in deren Backpacks im Gepäckraum entwendet wurden. Anscheinend schaffen es Diebe während Tankpausen oder anderen Stopps unbemerkt in den Gepäckraum zu gelangen. Beim nächsten Stopp steigen diese wieder unbemerkt aus. Und während der Zeit zwischen den Stopps können sie in aller Ruhe die Gepäckstücke nach Wertsachen und Bargeld durchsuchen. Und die Masche wird nicht nur in Südamerika angewandt! Deshalb packe nie Wertsachen in deinen großen*

*Backpack beziehungsweise lasse Wertgegenstände nie unbeaufsichtigt – du weißt nie was passieren könnte.*

In manchen Situationen wird es dir nicht möglich sein deine Wertgegenstände dauerhaft im Auge zu behalten. Für mich war ein Badetag am Strand immer solch eine Situation. Weißt du, dass es dazukommen wird, dann solltest du nur so wenige Wertsachen wie möglich mitnehmen. Ich nehme an den Strand beispielsweise nur Sonnencreme, ein Handtuch, Wasser, umgerechnet ca. 10 €, mein Handy für Fotos und eine wasserdichte Hülle mit. Gehst du ins Wasser, kannst du ganz einfach dein Handy und dein Geld darin verstauen und mit ins Wasser nehmen. Das erspart die wachsamen Blicke auf deinen Strandplatz und ermöglicht es dir entspannt baden zu gehen. Meine wasserdichte Hülle hat ein Klettverschlussband mit dem ich sie einfach am Arm befestigen kann und so die Hände frei habe. Natürlich kannst du das Handy auch in der Unterkunft lassen, aber dann würdest du ja auf die schönen Strand- und Sonnenuntergangsfotos verzichten müssen.

## Bargeld abheben

Bargeld ist in vielen Ländern noch das Hauptzahlungsmittel. Kreditkartenzahlungen sind nicht immer möglich. Stelle dich also schon einmal darauf ein. Du wirst des Öfteren auf deiner Reise Bargeld abheben, da du ja nicht mit Unmengen Geld durch die Gegend laufen möchtest. Ich empfehle dir pro Transaktion nur ca. 100-200 € in Landeswährung abzuheben. Bei der Bargeldabhebung solltest du besonders aufpassen. Hier wissen Umstehende, dass du nun viel Geld in der Tasche hast und es sich lohnt dich zu bestehlen. Benötigst du Bargeld empfehle ich dir Bankautomaten in Räumen größerer Banken aufzusuchen. Diese sind videoüberwacht und macht es Verbrechern schwerer. Achte darauf, dass kein externes Gerät auf dem Bankautomaten aufliegt. Es könnten sonst deine Kreditkartendaten kopiert werden. Achte auch darauf, dass niemand dicht hinter dir steht. Die Person könnte deine PIN ausspähen oder dich bestehlen. Am besten gehst du mit Leuten, die du kennst Geld holen, das gibt dir nochmals extra Sicherheit. Achte unbedingt darauf sowohl das Geld als auch die Kreditkarte wieder mitzunehmen! Ich bin schon 2-mal Personen hinterhergerannt, weil sie vor mir am Schalter waren und einfach ihre Kreditkarte vergessen haben. Deren Gesicht hättest du sehen sollen als ich mit ihrer Kreditkarte in der Hand vor ihnen stand.

*Exkurs Bolivien:*

*In Potosí war schon längere Zeit ein Streik gegen die lokalen Arbeitsbedingungen. Teil des Streiks waren Straßenblockaden, sodass kein Fahrzeug von außen in die Stadt kam. Als Konsequenz wurden langsam die Lebensmittel knapp und mein Freund Ruben und ich beschlossen die Stadt zu verlassen. Zuerst benötigten wir jedoch noch Bargeld. Schließlich fanden wir einen Schalter an der Straße und ich zückte die Kreditkarte. Ich gab wie gewohnt die PIN ein und hob das Geld ab. Dann verstaute ich Geld und Karte in dem Portemonnaie. Das Portemonnaie steckte ich in meine vordere Hosentasche und trat auf die Straße hinaus. Da sah ich aus den Augenwinkeln wie eine Person mich fixierte und auf mich zulief. Die*

*Person kam direkt auf mich zu und wollte mich anrempeln. Instinktiv hob ich meinen ausgestreckten Arm zum Schutz hoch und schubste die Person von mir. Ich sah wie die Augen auf meinen Geldbeutel in der Hosentasche gerichtet waren. Die Person war jedoch überrascht von meiner Abwehrreaktion und schaute mich nur böse an um dann weiterzuziehen. Ich denke sie hatte mich beim Bargeldabheben beobachtet, aber dann nicht mit meiner schnellen Reaktion gerechnet. Auf jeden Fall ging so alles gut und wir konnten unseren Weg fortsetzen.*

Falls du Probleme mit ungewöhnlichen Abbuchungen auf deinem Bankkonto hast oder andere Probleme auftauchen, kontaktiere sofort deine Bank. So können dir Abbuchungen, die auf Kreditkartenbetrug basieren, meist zurückerstattet werden.

**Tipp:** Gibt dir der Bankautomat die Möglichkeit, solltest du dir unbedingt kleine Scheine auszahlen lassen. In Paraguay hatte ich umgerechnet nur 20 € Scheine in der Tasche und der Busfahrer konnte diese nicht wechseln. Netterweise durfte ich trotzdem gratis mitfahren. Bezahlst du mit solchen Scheinen bei Straßenlädchen werden die Händler verzweifelt von Geschäft zu Geschäft laufen um Wechselgeld aufzutreiben. Das kann wirklich lange dauern und du fühlst dich unwohl, weil da grade jemand mit deinem Geld wegrennt und sich so eine Mühe macht. Schaue, dass du in größeren Geschäften und Ketten mit großen Scheinen bezahlst, damit du Kleingeld für die kleineren Geschäfte hast.

Du solltest außerdem nie dein komplettes Bargeld aufbrauchen. Geht das Geld in Landeswährung zu Neige, suche rechtzeitig einen Bankautomaten auf. Deine Reserve ist wirklich nur für Notfälle gedacht, d.h. wenn du an keinem Automaten mehr Bargeld abheben kannst.

**Ein weiterer Tipp:** In manchen abgelegen Orten wirst du keine Bankautomaten vorfinden. Nimm deshalb genügend Geld mit an solche Orte. Meiner Erfahrung nach waren das z.B. Orte in Dschungelnähe oder Dörfer.

## Verhalten

In vielen Ländern gibt es gewisse Gebiete in denen sehr hohe Kriminalität herrscht. Insbesondere für dich als Tourist bedeuten diese Gebiete erhöhte Gefahr Opfer eines Verbrechens zu werden.

Frage am besten bei Locals oder in deinem Hostel nach, ob es irgendwelche „No-Go Areale" gibt, die du meiden solltest. Das könnten z.B. die Favelas in Brasilien sein. Solche Orte solltest du wenn überhaupt nur mit einem Einheimischen betreten, da die Polizei hier keine Sicherheit gewährleisten kann. Hier solltest du wirklich höchste Vorsicht walten lassen.

Siehst du wie ein Neuankömmling aus und verhältst dich so, wirst du sehr schnell merken, dass du auffällst und von allen möglichen Menschen, besonders Verkäufern, angeredet wirst. Oft sehen dich diese als reichen Geldgeber, der alles kaufen möchte. Das ist sehr nervig. Vermeide solche Situationen, schließlich wissen auch Diebe, dass du so ein leichtes Opfer bist. Konkret sind solche Situationen:

- Mit einer Karte herumzustehen;
- Mit einer Kamera um den Hals durch die Gegend zu laufen.

Gehe lieber in eine ruhige Ecke oder in ein Café, um dich neu zu orientieren. Alternativ kannst du auch Google Maps nutzen. Bewegst du dich dagegen selbstbewusst und aufmerksam durch die Straßen, wirst du seltener unliebsam angeredet. Probiere das gerne mal aus.

## Nachts ausgehen

Du willst mal richtig das Nachtleben vor Ort mitbekommen? Los geht´s! Doch damit du auch möglichst sicher unterwegs bist gibt es hier ein paar Tipps. Am besten gehst du nie alleine weg wenn es sich vermeiden lässt. Du kannst z.B. in deinem Hostel fragen, ob jemand auch Lust hat abends auszugehen und ihr könnt euch zu einer Gruppe zusammenschließen. Das Praktische ist: Ihr müsst auch alle wieder an den gleichen Ort zurück und könnt euch anfallende Taxikosten teilen. Warum solltest du nicht alleine weggehen? Alleine ist es einfach gefährlicher, etwas kann dir passieren und keiner ist da, der dir im Notfall hilft. Und in der Gruppe ausgehen macht einfach mehr Spaß, als im lauten Club Leute anzusprechen, findest du nicht? Generell würde ich nicht alleine in Clubs gehen in denen nur Einheimische sind. Aber vielleicht wirst du ja von jemand vertrauenswürdigen eingeladen, dann ist das ok. In manchen

Regionen wie z.B. auf Inseln gibt es sehr touristische Partys, hier ist es eher kein Problem auch mal alleine unterwegs zu sein, da man schnell Anschluss findet. Pub Crawls – auf Deutsch: Organisierte Kneipentouren – sind z.B. auch eine gute Möglichkeit um Ausgehen und Socialising zu verbinden. Auf jeden Fall solltest du dir aber schon im Vorfeld Gedanken machen wie du wieder zurück zur Unterkunft kommst.

Bist du dann unterwegs, solltest du darauf achten, dass du immer bei Sinnen bleibst. Das heißt keine Alkohol-Exzesse oder Drogen. Insbesondere nicht, wenn du alleine bist. Denn sonst bist du wirklich ein leichtes Opfer für jegliche Kriminelle. Auf Drogen stehen in den meisten Ländern sowieso hohe Strafen und das ist das Risiko meiner Meinung nach einfach nicht wert.

Dein Getränk solltest du nie aus den Augen lassen und auch bei der Zubereitung zuschauen. So stellst du sicher, dass dir keiner etwas wie K.O.-Tropfen ins Getränk mischt. Du bist schockiert – ja, ich auch. Aber leider gibt es solche kranken Menschen.

Je nachdem wie sicher das Viertel ist, indem du ausgehst, solltest du dir ein offizielles Taxi rufen, anstatt nach Hause zu laufen. Mache es wie die Einheimischen vor Ort und frage am besten schon bevor du losziehst in deiner Unterkunft nach, was Gang und Gebe ist. Denn manche Viertel – wie in vielen südamerikanischen Ländern – sind derart unsicher, dass sich selbst Einheimische nur noch in offiziellen Taxis oder mit Chauffeuren fortbewegen.

Aber hey – so viele Dinge an die du denken musst sind das gar nicht. Das meiste sagt dir dein gesunder Menschenverstand. Also wenn du Lust hast raus zu gehen – mach es einfach. ☺

## Frauen allein unterwegs

Als Mann kann ich hier leider nicht aus erster Hand berichten, sondern nur von dem, was mir andere Reisende im persönlichen Gespräch erzählt haben. Zudem habe ich mich auf verschiedenen Blogs zum Thema belesen. Ich kann dir www.pinkcompass.de dafür ans Herz legen. Jetzt kommen wir zu Sicherheitstipps speziell für Frauen.

Generell solltest du dich an die vorherigen Sicherheitstipps halten, wie jeder andere Reisende auch und auf deinen gesunden Menschenverstand vertrauen.

Als Frau kann es zusätzlich passieren, dass du ungewollt angebaggert wirst, dir jemand zu nahe kommt und du irgendwann davon einfach genervt bist. In solchen Fällen solltest du klar zum Ausdruck bringen, dass du das nicht möchtest und Grenzen aufzeigen. Grenzen aufzuzeigen ist enorm wichtig, weil manche Männer diese austesten. Du könntest auch behaupten einen Freund oder Mann zu haben und dass du eine sehr treue Seele bist. Manche Männer akzeptieren es leider nicht, dass es auch glückliche, alleinstehende Frauen gibt. Mit dieser Methode kannst du diese abwimmeln. Einige Frauen gehen sogar so weit, sich einen Ehering an den Finger zu stecken, um sich vor aufdringlichen Männern zu schützen.

Es ist außerordentlich wichtig falsche Höflichkeit und deine Zurückhaltung in unangenehmen Situationen abzulegen. Diese werden dir als Schwäche ausgelegt und könnten dein Gegenüber zu offensiverem Vorgehen animieren. Sei also bestimmt und deutlich. Stelle dir schon vorher solche Situationen und deine Reaktion darauf gedanklich vor. Somit weißt du wie du im Ernstfall reagierst. Du solltest wirklich jedes Szenario durchspielen und im Ernstfall auch zu körperlicher Gegenwehr bereit sein. Allein durch diese geistige Vorbereitung trittst du schon selbstsicherer auf und solche Situationen werden unwahrscheinlicher.

Besuche im Vorfeld deiner Reise einen Selbstverteidigungskurs, damit du weißt, wie du dich effektiv verteidigst. Das hilft dir auch natürliche Hemmnisse abzubauen die dich in Extremsituationen behindern können. Beispielsweise jemanden zur Notwehr körperlich anzugreifen.

Manche Situationen können sehr unangenehm werden und manche Männer werden dich fragen ob du alleine unterwegs bist und wo du übernachtest. Hier empfehle ich dir zu flunkern. Erfinde eine Geschichte über deine Begleitung, z.B. dass sie bald nachkommt. Du solltest auch nicht verraten wo du übernachtest. Denn wenn dein Gegenüber weiß, dass du alleine unterwegs bist und irgendwann zu deiner Unterkunft zurückkehrst, macht dich das zu einem potentiell leichten Opfer.

In deinem Reiseland wird es kulturelle Unterschiede zu deinem Heimatland geben, die sich in dem Verhalten der Menschen widerspiegeln. Du solltest dir über diese Unterschiede zumindest grob im Klaren sein. Beispielsweise sind muslimische Kulturen sehr patriarchalisch geprägt und Frauen sind dort in der Öffentlichkeit anderen Regeln unterworfen. Ich habe schon erlebt wie ich von alleinreisenden Frauen gebeten wurde diese zu begleiten, da sie von den einheimischen Männern ständig angesprochen, berührt und bedrängt wurden. Das ist natürlich sehr schade. Aber da du die dortige Kultur nicht von heute auf morgen ändern kannst, solltest du lernen die Regeln dort zu verstehen, um solche unangenehmen Situationen zu vermeiden.

Die meisten Frauen dort tragen ein Kopftuch und sind stets in der Öffentlichkeit verhüllt. Und selbst dann sind sie meistens mit einem männlichen Verwandten unterwegs. Bist du als Frau dort unterwegs, solltest du keinesfalls aufreizende Kleidung tragen, sondern lange, weite Kleidung. Wenn du die Möglichkeit hast, gehe in Begleitung raus. Ich wiederhole es nochmals, weil es sehr wichtig ist: Falls du angesprochen wirst und dich belästigt fühlst, solltest du das laut und deutlich klarmachen. Beispielsweise durch ein lautes „no" oder „leave me alone". Kennst du die Kultur und passt dich einigermaßen an, werden die Einheimischen dir Respekt entgegenbringen.

In Situationen wo du dich bedroht fühlst, sprich andere Menschen direkt an und bitte um Hilfe. In der Regel wird dir immer geholfen, insbesondere, wenn du schutzbedürftig aussiehst. Sollte kein Helfer zu sehen sein, schreie und mache auf dich aufmerksam. Das wirkt abschreckend.

Es gibt auch Annehmlichkeiten speziell für Frauen die du nutzen kannst. Das sind z.B. Schlafsäle, Mitfahrgelegenheiten, Parkplätze an beleuchteten Orten, Busse und Zugabteile nur für Frauen. Diese kannst du nutzen, um Abstand von der Männerwelt und ein Stückchen extra Sicherheit zu gewinnen.

Fahrten und Flüge kannst du so planen, dass du bei Tageslicht an- und abreist. Zu dieser Zeit sind mehr Personen unterwegs und du fühlst dich weniger unwohl.

Dein Bauchgefühl in Kombination mit gesundem Menschenverstand wird dich vor solchen Situationen warnen, und generell treten solch unangenehme Situationen wirklich selten auf. Lass das kein Grund sein, die Reise nicht anzutreten oder dir die Stimmung vermiesen zu lassen.

# Betrugsmaschen

Auf der Welt gibt es tausend verschiedene Maschen mit denen Leute versuchen werden sich an dir zu bereichern. Du wirst überrascht sein wie kreativ diese Menschen dafür geworden sind. Ja bei manchen könnte man fast meinen sie haben dafür Psychologie studiert. Jedes Land hat seine eigenen Touristenfallen. Ich stelle dir hier die Methoden vor, die mir begegnet sind und die immer wieder auftauchen. So kennst du diese und kannst Abzocken vermeiden. Das wird dir Nerven, Zeit und Geld ersparen. Informiere dich trotzdem im Vorfeld welche Maschen speziell in deinem Reiseland häufiger angewendet werden. So bist du vor diesen sicher.

## Höhere Taxipreise

Ein auf der ganzen Welt verbreiteter Trick ist der Versuch mit Touristen höhere Taxipreise zu erzielen. Das ist besonders am Flughafen der Fall, weil hier Touristen in großer Anzahl zu finden sind. Und Touristen kennen die lokalen Preise nicht, was sie zu einer leichten Beute macht. Am Flughafen lohnt es sich für dich definitiv immer zu verhandeln. Oder noch besser, du schaust via Uber oder Grab App was es ca. kosten sollte. Aber das ist ja noch keine richtige Abzocke wirst du sagen. Nennst du dein Ziel, kommen Taxifahrer auf die Idee, dass genau jetzt viel Verkehr ist, Umleitungen etc. vorhanden sind, eben lauter Gründe warum sie den Preis erhöhen können. Glaube ihnen das nicht und behaupte einfach, du wärst vor kurzem hier gewesen und kennst dich aus. Das sollte ihre vorgeschobenen Argumente für die Preiserhöhung entkräften. **Um Abzocken zu vermeiden, kannst du dir auch einfach ein Taxi mit Taximeter suchen.** Generell sind Taxis mit Taximeter häufig günstiger als Taxis mit Festpreisen. Damit der gute Taxifahrer nicht wahllos in der Gegend herumfährt und dich über Umwege zu deinem Ziel bringt, kannst du ja mal Google Maps auf deinem Handy anschalten. So kannst du auch ohne Internet, nur mit GPS Signal verfolgen, ob ihr direkt zu deinem Ziel fahrt oder nicht. Du solltest den Taxifahrer auch vorher fragen, ob er das Ziel kennt. Denn manche fahren einfach los und suchen selbst die Straße, die sie nicht kennen. Das dauert dann natürlich länger und hat Umwege zur Folge. Da sind mir die Taxifahrer dann doch lieber, die ehrlich sind, nein sagen und Google Maps zur Navigation anschalten.

Achja, habe ich schon erwähnt, dass es extrem wichtig ist **den Preis vor der Fahrt auszuhandeln,** wenn kein Taximeter vorhanden ist? Ansonsten wirst du eine böse Überraschung erleben und dich mit einer heftigen Preisdiskussion mit dem Taxifahrer konfrontiert sehen. Das führt dazu, dass schlechte Stimmung herrscht oder du evtl. viel zu viel bezahlst. Vermeide das einfach. Seid euch vorher über den Preis und das Ziel einig.

Hier mal Beispielgeschichten der krassesten Taxi-Abzocken auf meinen Reisen:

*Exkurs Honduras:*

*Ich hatte eine wunderschöne Reise in Mittelamerika hinter mir und nun war es an der Zeit in die Heimat zurückzukehren. Schon am*

*Vortag hatte ich an der Rezeption meines Hostels darum gebeten mir ein Taxi für 10 Uhr zu organisieren, da mein Flug gegen 12 Uhr starten und der Fahrweg ungefähr 20 Minuten dauern würde. Ganz easy dachte ich und erinnerte die gute Rezeptionistin auch am Abflugtag nochmal daran, das Taxi zum internationalen Flughafen zu bestellen. Ich wartete dann 5 vor 10 in der Lobby. 10 Minuten nach 10 Uhr war noch kein Taxi da, ich fragte also an der Rezeption nach. Mir wurde versichert, dass das Taxi auf dem Weg sei. Das Taxi kam dann schließlich mit einer halben Stunde Verspätung! Das würde knapp werden, da ich noch meine Ausreisegebühr am Flughafen begleichen musste. Ich stieg in das Taxi und wir fuhren los. Nachdem wir vier Blocks weiter waren, fragte mich der Taxifahrer allen Ernstes wo wir hinfahren. Ich war total verwirrt und entgegnete: „Zum Flughafen, wie am Telefon ausgemacht". Er meinte nur: "Zu welchem Flughafen? Es gibt den internationalen und den nationalen." Ich war mir sicher, dass die Rezeptionistin den internationalen Flughafen als Ziel genannt hatte und sagte dem Taxifahrer, dass natürlich der internationale Flughafen das Ziel sei. Darauf entgegnete dieser, dass es zum internationalen Flughafen teurer sei und zwar viermal so teuer. Ich sagte, dass am Telefon der Preis zu diesem Flughafen ausgehandelt worden sei und ich nicht einsehe jetzt mehr zu bezahlen. Daraufhin stieg er einfach in die Bremsen und meinte, dass er mich dann nicht fahren könne. Na toll, was für eine beschissene Situation. Er war schon zu spät gekommen, wodurch ich Zeitnot hatte und jetzt noch schnell ein Taxi im nirgendwo zu bekommen, würde nochmals Zeit kosten. Damit würde ich riskieren meinen Flug nicht zu erwischen. Ich sagte ihm er solle*

Auf der Reise

im Hostel anrufen und es klären, aber er meinte nur er habe kein Guthaben mehr. Ich hatte dummerweise keine lateinamerikanische SIM-Karte erworben. Na toll – was sollte ich also machen? Zähneknirschend sagte ich er solle weiterfahren. Innerlich dachte ich mir wenn ich erst da wäre, dann können wir das auch noch vor Ort regeln. Auf der restlichen Fahrt herrschte eine frostige Stimmung. Ich fühlte mich richtig abgezockt. Endlich kamen wir an und ich nahm meine Rucksäcke aus dem Auto. Der Taxifahrer stand erwartungsvoll neben mir. Ich sagte ihm, dass es nicht in Ordnung sei mich so zu erpressen und ich ihm den Ursprungspreis zahlen würde. Daraufhin wurde er richtig wütend und meinte: „Weißt du was, zahle mir gar nichts." Das verwirrte mich, vor allem zusammen mit der aggressiven Stimmung in der Luft. Der Taxifahrer stieg ein und ich sah wie er unter seinem Lenkrad herumtastete. Da fiel mir ein: Verdammt du befindest dich in San Pedro de Sula. Das ist die Stadt mit der höchsten Mordrate der Welt. Hier sind Waffen nichts ungewöhnliches, so gut wie jeder hat eine. Da ratterte es in meinem Kopf. Was wenn er gerade nach einer Schusswaffe griff? War es mir das Risiko wert? Ich entschied mich die zusätzlichen 20 € lieber auszugeben bevor es weiter eskalieren würde. Ich schmiss das Geld durchs Beifahrerfenster und begab mich schnellen Schrittes mit meinem Gepäck zum Flughafeneingang. Am letzten Tag einen Schuss in den Rücken wegen 20 € zu riskieren, schien mir dann doch zu dämlich. Wer weiß ob ich übertrieben habe, aber mein Bauch sagte mir es war die richtige Entscheidung. Lieber 20 € ärmer als tot.

Diese Situation hätte ich vermeiden können, indem ich den Taxifahrer vor der Fahrt nochmal auf das Ziel und den Preis angesprochen hätte, am besten vor den Augen der Rezeptionistin. Aber hey, danach ist man immer schlauer.

*Exkurs Indonesien:*

*In Bali war es üblich mit der App namens Grab einfach Taxis zu bestellen. Dabei wurden die Preise direkt angezeigt. Das war ein enormer Vorteil, denn diese Fahrdienste waren noch deutlich günstiger als reguläre Taxis. Ich buchte eine Fahrt in eine andere Stadt. Der Fahrer kam schnell und beim Koffer einladen meinte er, dass dieses Ziel über doppelt so teuer sein würde wie die App anzeige. Der Grund erschien mir irgendwie fadenscheinig und ich beharrte darauf zu dem Preis zu fahren, den die App anzeigte. Schließlich gibt es ja diese Funktion, um vor solchen Sachen geschützt zu werden. Ich glaube er hatte auch Bedenken, dass er eine schlechte Bewertung bekommen würde und so willigte er ein zum Ursprungspreis zu fahren. Der Rest der Fahrt verlief dann auch gut.*

*Dank der Grab App hatte ich mir lange Diskussionen erspart und gelangte bequem und zu einem fairen Preis an mein Ziel. In diesem Hinblick eine tolle Erfindung. Achja, möchtest du die App nutzen, empfehle ich dir eine SIM-Karte deines Reiselandes zu erwerben – nur mit WLAN artet die Suche nach deinem Fahrer extrem aus, denn du kannst ihn nur an WLAN-Spots kontaktieren und nicht mal eben anrufen.*

## Der spontane Hochsaison-Trick

Ein anderer Trick von Betrügern ist es die Unwissenheit der Touristen über lokale Feier-/ und Ferientage auszunutzen. Dann wird behauptet, dass aktuell Hochsaison sei und deshalb die Preise teurer seien. Zudem wird beteuert, dass es nur noch wenige Plätze gebe und alles gerade sehr gefragt sei. Gut, über diese Dinge hast du dich vielleicht nicht informiert, aber das heißt auch nicht, dass du dem Glauben schenken musst. Letztendlich arbeiten diese Verkäufer mit ausgeklügelten Verkäufer-Tricks. Sie schaffen für dich eine Realität in der du Angst bekommst deine geplante Route nicht bereisen zu können, weil schon alles ausgebucht ist. Die Lösung präsentieren sie dir direkt: Jetzt bei ihnen die Unterkunft/ den Transport oder was auch immer zu buchen, weil danach ja alles belegt sei und du nicht mehr weiterreisen könntest oder gar auf der Straße schlafen müsstest.

Jedes Mal, wenn dir jemand sowas erzählt, solltest du eines tun: Tief durchatmen. Glaube erstmal gar nichts davon, bis du es nicht selbst überprüft hast. Wie das geht? Ganz einfach. Zum einen hast du ein internetfähiges Smartphone dabei und kannst deinen Freund Google fragen. Zum anderen kannst du einfach mal andere Passanten fragen – natürlich nicht in Anwesenheit der Person, die dir etwas verkaufen will. Denn diese wird Druck aufbauen und die andere Person wird sich nicht trauen etwas anderes zu sagen. Aber später im Hostel oder an irgendeiner Hotelrezeption kannst du es probieren. Dann wirst du merken, dass es sich oftmals als Lüge entpuppt. Bleibe also erstmal gelassen und lasse dich zu nichts hinreißen. Besonders nicht wenn es dir seltsam vorkommt.

Hier habe ich eine Geschichte für dich, wie gleich zu Beginn meiner ersten Asienreise dieser Trick angewandt wurde.

*Exkurs Thailand:*

*Ronny und ich waren zu einer einmonatigen Thailand Reise aufgebrochen. Frei nach dem Motto „Spontanität und Flexibilität sind die schönsten Tugenden" hatten wir nur den Flug gebucht, sonst nichts. Nicht einmal die erste Unterkunft. Wir hatten nur ein paar Stationen, die wir auf jeden Fall sehen wollten. Am Bangkoker Flughafen angekommen, beschlossen wir erst mal zur Khao San Road zu fahren – der Ort an dem sich die meisten Backpacker und Touristen versammeln. Schließlich hofften wir, dass wir andere Backpacker bezüglich aktueller Reise- und Geheimtipps befragen könnten. Wir nutzten den Skytrain (ein Zug), um vom Flughafen in die Stadt zu fahren. Von dort aus wollten wir dann mit den öffentlichen Verkehrsmitteln weiter. Wir stiegen an der letzten Zughaltestelle in der Stadt aus und kämpften uns durch den Verkehrsdschungel zur Bushaltestelle. Natürlich standen wir erst auf der falschen Straßenseite, weil in Thailand Linksverkehr herrscht und wir das einfach mal vergessen hatten. Hier standen wir nun und versuchten zu entziffern, wie wir denn nun am besten zu unserem Ziel kommen. Da sprach uns ein Thai an und hieß uns herzlich in Thailand willkommen. Es war ein Mann mittleren Alters, er hatte ein ordentliches Hemd und eine Stoffhose an. Er wirkte, als ob er gerade von seinem Bürojob nach Hause fahren wollte. Der Mann fragte uns was wir so vorhätten. Wir antworteten ihm mit unseren groben Plänen. Dann fing er an zu fragen, ob wir denn schon etwas gebucht hätten, schließlich herrsche Hochsaison. Wir erzählten ihm, dass wir alles spontan buchen würden und wollten genauer wissen warum denn Hochsaison sei. Es handle sich gerade um den Beginn der Semesterferien an denen die Studenten alle in Thailand Urlaub machen würden. Deshalb seien Züge und Unterkünfte kaum noch verfügbar. Das sei wirklich ein Problem – aber er kenne da jemanden im Touristenbüro der uns sehr günstig Transport und Unterkünfte besorgen könne. Wir überlegten kurz und entschieden uns erstmal mitzugehen – wieso sollte der Mann uns anlügen? Er führte uns ein paar Straßen weiter in ein Tourist-Information-Büro und verabschiedete sich. Der Mann hinter dem Schreibtisch hieß uns herzlich willkommen und meinte, dass wir sehr großes Glück hätten, weil aufgrund der Hochsaison nur noch sehr wenige Plätze frei wären. Er fragte uns nach unserer geplanten Route. Daraus erarbeitete er schließlich ein Paket mit Unterkünften, Transport und Verpflegung vor und unterbreitete es uns. Zu dieser Zeit kamen zwei weitere Deutsche in das Büro und wir unterhielten uns kurz mit diesen. Ihnen war es genauso gegangen wie uns. Sie wurden auf der Straße angesprochen und dann ins Büro gelotst. Das kam mir spanisch vor. Auch der Gedanke den kompletten Urlaub von der Agentur bestimmen zu lassen, gefiel mir überhaupt nicht. Wo war da das Abenteuer? Wir sagten also zu dem Mann, dass wir verdammt großen Hunger hätten und bevor wir etwas entscheiden erstmal essen müssten. Er gab uns den Tipp zum Food Court in dem*

*Einkaufszentrum nebenan zu gehen. Wir folgten dann mit der Karte seinem Essensvorschlag. Dort beratschlagten wir was wir nun machen sollten und kamen zu dem Entschluss, dass wir so eine Reise erstens nicht wollen und zweitens auch nicht nur auf Grundlage der Aussage einer Person buchen würden. So kam es, dass wir uns nach dem Essen ein Tuk-Tuk heranwinkten und weiter zur Khao San Road fuhren. Das „Touristenbüro" sah uns nie wieder. Es war keine totale Zeitverschwendung, weil wir wenigstens eine Karte mit potentiellen Aktivitäten in Thailand hatten. Schließlich setzten wir unseren Trip wie geplant um – also spontan – und hatten nirgendwo Probleme wegen Überfüllung keine Unterkunft oder keinen Transport mehr buchen zu können.*

Im Nachhinein stellte sich heraus, dass sich Reiseagenturen gerne „Tourist-Information" nennen und damit einen offiziellen Eindruck erwecken möchten. Schließlich denken die Reisenden an die offiziell in Europa bekannten Touristen-Informationen. Der Unterschied besteht aber darin, dass die Reiseagenturen nicht von offizieller Stelle gefördert werden. Sie wollen einfach nur Reisen verkaufen und anscheinend ist ihnen dazu jedes Mittel recht. Schade, dass sie Touristen belügen, um Geld zu verdienen.

Auf jeden Fall solltest du daraus lernen, dass:

- Ein Touristen Büro auch einfach nur eine Reiseagentur sein kann;
- Dir falsche Informationen geliefert werden um dir etwas zu verkaufen;

- Du erstmal skeptisch sein solltest und dir Informationen aus anderer Quelle besorgst, bevor du irgendetwas glaubst;
- Du in solchen Situationen erstmal relaxt und tief durchatmest, damit du einen klaren Kopf behältst!

Lass dich nicht abzocken oder fremd bestimmen – auf in dein spontanes, individuelles Abenteuer!

## Zahle nie im Voraus

Eine der besten Methoden um Betrugsversuche zu vermeiden ist es, nie im Voraus zu bezahlen. Das gilt für Buchungen vor Ort und bei unseriös aussehenden Agenturen. Wieso solltest du überhaupt bei solchen Agenturen buchen, fragst du dich? In manchen Ländern wirst du nur Wellblechhütten oder kleine Stände vorfinden in denen du Aktivitäten buchen kannst! Das heißt aber nicht, dass das alles Betrüger sind. Die Art von „Büro" ist dort einfach üblich. Warum solltest du bei der Buchung nun nicht in Vorleistung gehen? Oft werden irgendwelche Ausflüge oder Kurse angeboten, die dir das Blaue vom Himmel versprechen. Das klingt dann alles ganz toll und die Begeisterung steigert die Bereitschaft sofort dafür zu bezahlen. Doch Vorsicht, zahlst du im Voraus gehst du ein großes Risiko ein. Es kann dir passieren, dass die gebuchte Aktivität plötzlich gar nicht stattfindet und der Veranstalter nicht mehr auffindbar ist. Er könnte sich denken: „Hey, das Geld habe ich ja eh schon, da brauch ich jetzt nicht mit den Touristen auf Tour gehen. Was können die Touristen mir auch anhaben? Die sind morgen eh wieder weg." Im Gegensatz dazu wird ein Veranstalter, der noch kein Geld in den Händen hält, auf welche Gedanken kommen? Richtig, er wird die gebuchte Aktivität durchführen. **Seriöse Veranstalter und Agenturen werden nie im Voraus die volle Summe fordern.** Meistens ist eine kleine Anzahlung üblich, um Einkäufe für die Veranstaltung zu tätigen und auch um sicherzustellen, dass die Kunden wirklich zur Aktivität erscheinen. Das ist in Ordnung. Aber wenn die volle Summe vorab verlangt wird, sollten deine Alarmglocken schrillen.

Dass du im Vorfeld fragst was die Dinge kosten, versteht sich von selbst oder? Du willst ja keine böse Überraschung erleben.

*Exkurs Guatemala:*

*Ich war damals an der Ostküste von Guatemala unterwegs und landete an einem ruhigen und schönen Ort namens Livingston. Der Ort war kulturell ganz anders als der Rest des Landes und verfügte auch über eine längere musikalische Tradition. Deshalb wurden im Lonely Planet auch Trommelstunden als mögliche Aktivität angegeben. Ich dachte mir: „Hey, was neues lernen kann man immer, warum nicht auch mal was musikalisches. Das macht sich bestimmt gut abends am Lagerfeuer." Also ging ich zu der im Reiseführer angegebenen Adresse. Das Haus sah aus wie jedes andere in der Umgebung. Also fragte ich einen Einheimischen, ob er wisse wo hier Trommelkurse gegeben werden. Er meinte: „Ja klar, ich bringe dich zum Lehrer". Wir traten in das Haus ein und dort waren auf einem Podest drei Trommeln. Ich wurde dem Lehrer vorgestellt und wir redeten kurz. Dann machten wir einen Termin für den nächsten Morgen aus. Mir wurde gesagt ich solle den vollen*

Auf der Reise

*Preis am besten gleich zahlen, damit wir am nächsten Morgen direkt anfangen könnten und ich wiederkommen würde. Ich widersprach den vollen Preis zu zahlen, aber streckte die Hälfte vor. Wir verabschiedeten uns. Am nächsten Tag war ich pünktlich an dem Haus. Die Tür war verschlossen und es schien keiner vor Ort zu sein. Ich klopfte an der Tür und wünschte mit lauter Stimme einen guten Morgen. Aber nichts bewegte sich und die Türe blieb verschlossen. Es waren wenig Einheimische auf der Straße, aber ich fragte dennoch nach dem Lehrer. Sie sagten nur sie wüssten nicht wo er stecke. Ich versuchte es noch ca. eine halbe Stunde den Lehrer zu finden, aber leider ohne Erfolg. Auch wenn das Vorurteil herrscht, dass Latinos sich verspäten, so war es doch sehr seltsam bei der Person zu Hause zu sein und sie nicht vorzufinden. Nach 45 Minuten gab ich auf. Am Nachmittag verließ ich die Insel. Der Lehrer blieb für mich spurlos verschwunden. Zum einen ärgerte ich mich sehr über das verlorene Geld, zum anderen war ich aber froh darauf bestanden zu haben nur die Hälfte im Voraus zu zahlen. Auf jeden Fall lernte ich daraus nie in Vorleistung zu gehen und falls darauf bestanden wird, dann nur mit der minimal möglichsten Summe. Denn wenn du Pech hast kann dein ganzes Geld ohne Gegenleistung verschwunden sein, genauso wie mein Trommellehrer.*

Hast du einen engen Zeitplan, kannst du dich natürlich auch vor deiner Reise über Aktivitäten und Veranstalter informieren. Solltest du eine Buchung online abschließen wollen, lese dir zuerst Rezensionen des Veranstalters durch. Das ist wichtig, denn du bist ja noch nicht vor Ort und kannst dir kein eigenes Bild von der Agentur machen. Sind diese durchgehend positiv, kannst du auch vorab die

Aktivität buchen und gegebenenfalls eine Anzahlung leisten. Falls du zwischen unterschiedlichen Zahlungsarten wählen kannst, empfehle ich dir PayPal oder einen ähnlichen Dienst, der für seine Käuferfreundlichkeit bekannt ist. So erhältst du im Betrugsfall mit großer Wahrscheinlichkeit dein Geld zurück. Aber wer sich die Mühe macht eine gute Website zu entwickeln und positive Rezensionen auf Portalen wie Google und Tripadvisor zu generieren, wird mit großer Wahrscheinlichkeit kein Betrüger sein. Ein Schnäppchen wird es aber nicht. In der Regel sind diese Anbieter deutlich teurer als die Buchung bei anderen lokalen Unternehmen.

## Worst case – Notfallhilfe

Vorab sei gesagt: Dass dir eines der folgenden Dinge passiert ist wirklich selten und sollte dich auf keinen Fall abschrecken deine nächste Backpacking Reise zu unternehmen. Für den Fall der Fälle möchte ich dir dennoch Tipps geben wie du mit der Situation zurechtkommst.

## Kreditkartenproblem

Manchmal stehst du am Automaten und möchtest Geld abheben, doch es funktioniert nicht. Das kann mehrere Gründe haben – von dir PIN ist gesperrt, dir Karte ist gesperrt/ die Karte wird nicht akzeptiert bis hin zu einem leeren Bankautomaten. Suche deshalb zuerst einen anderen Automaten auf und probiere es notfalls mit der anderen Kreditkarte. Solltest du merken, dass eine Kreditkarte dauerhaft nicht funktioniert, rufe deine Bank an um das Problem zu klären.

Es kann passieren, dass deine Kreditkarten gesperrt oder geklaut wurden. Was ist nun zu tun? Bei Diebstahl solltest du sofort die Karte sperren lassen. Dazu kannst du den zentralen Notruf unter 0049-116-116 erreichen. Die Kreditkartennummer findest du in deinem Backup. Hast du meine Tipps befolgt, besitzt du noch eine Alternativ-Kreditkarte mit der du deine Reise fortsetzen kannst. Sind aber all deine Kreditkarten nicht mehr einsatzfähig und du möchtest an Bargeld kommen, empfehle ich dir den Service von Western Union zu nutzen. Das funktioniert so:

- Du oder ein Freund/ Familienmitglied überweist Geld an Westernunion;
- Für die Transaktion wird an den Einzahlenden ein Zahlencode übermittelt;
- Du kannst dann an einer von über 500.000 Western-Union Filialen mit deinem Reisepass und dem Zahlencode das Bargeld abheben.

Der Service kostet eine gewisse Gebühr, die im Notfall aber nicht ins Gewicht fällt. Mit dieser Methode kannst du schon wenige Momente nach der Überweisung Bargeld am Schalter abheben. Solche Schalter befinden sich in jeder größeren Stadt. Falls du wirklich auf dem Land bist, sollte dir deine Bargeldreserve helfen zu solch einem Schalter zu gelangen.

Reist du mit einer Gruppe, kannst du einer Person deines Vertrauens via Paypal Geld überweisen und derjenige hebt dir diesen Betrag am Geldautomaten ab.

Alternativ kannst du auch andere Backpacker fragen, ob sie dir helfen würden.

Wie du siehst gibt es immer eine Lösung und dank deiner guten Vorbereitung wirst du auch im Notfall nie ohne Bargeld dastehen. ☺

## Verletzung/ Krankheit

Ein kleiner Kratzer oder eine leichte Erkältung sind keine Dinge um die du dir Sorgen machen musst. Solltest du dich aber schwer verletzt haben oder Fieber bekommen, bitte eine Person in deiner Nähe um Hilfe. Bei ernsteren Verletzungen solltest du erste Hilfe Maßnahmen durchführen und dann sofort das nächste Krankenhaus aufsuchen. Nimm dir eine Begleitperson mit. Das beruhigt dich und gibt dir Sicherheit. Hab keine Sorge, dass die Ärzte dich nicht verstehen. Die meisten Ärzte sprechen Englisch. Notfalls wirst du ihnen auch mit Händen und Füßen erklären können was passiert ist.

Nimm auch Fieber nicht auf die leichte Schulter, da du nicht weißt, ob es nicht Teil einer schlimmeren Krankheit wie Malaria, Dengue- oder Gelbfieber ist. Ruhe dich bei Fieber aus und bitte eine Person in der Unterkunft regelmäßig nach dir zu sehen. Benötigst du etwas und bist einfach zu schwach um aufzustehen, kann dir so geholfen werden. Wenn es dir richtig schlecht geht, konsultiere immer einen Arzt.

Solltest du mehrere Tage vom nächsten Krankenhaus entfernt sein und dich schwer verletzen, so lasse erste Hilfe Maßnahmen durchführen, brich deine Tour ab und schaue dass du schnellstmöglich zum Krankenhaus kommst. Die Tour könntest du so eh nicht genießen. Nimm die Antibiotikatabletten zu dir um Entzündungen vorzubeugen. Eine Verletzung fernab der Zivilisation (wie z.B. im Dschungel) ist zwar gefährlich, aber du solltest trotzdem sicher zum nächsten Krankenhaus gelangen.

Bei Behandlungen im Ausland wirst du zuerst die Behandlungskosten vorstrecken müssen. Aber deine

Auslandskrankenversicherung wird im Nachhinein für die Kosten aufkommen, wenn du die Rechnung einreichst.

Dass du dich wirklich schlimm verletzt oder erkrankst, passiert wirklich sehr selten. Das Risiko ist ähnlich wie in deiner Heimat. Bei den meisten Reisebeschwerden benötigst du keine Krankenhausbehandlung. Sie lassen sich mit den Medikamenten in deiner Reiseapotheke behandeln.

## Reisepass verloren

Ist dein Reisepass weg, ist das erstmal kein Grund zur Panik. Du wirst das Land schon in Ruhe wieder verlassen können. Dazu benötigst du jedoch einen (vorläufigen) Reisepass. Um diesen zu bekommen, solltest du die deutsche Botschaft oder ein Konsulat in deiner Nähe aufsuchen.

Gehe wie folgt vor:

- Erstatte eine Verlustmeldung bei der örtlichen Polizei;
- Gehe mit Verlustmeldung, Passfotos, deinem Personalausweis oder Kopien von deinem Reisepass zur Botschaft oder zum Konsulat;
- Beantrage nun einen (vorläufigen) Reisepass.

Ein vorläufiger Reisepass ist innerhalb von zwei Tagen ausgestellt und ermöglicht dir das Land zu verlassen. Allerdings kannst du bei der Einreise in andere Länder Probleme bekommen. Solltest du also in weitere Länder reisen wollen, empfehle ich dir einen Reisepass zu beantragen. Die Ausstellung dauert aber länger als beim vorläufigen Reisepass. Das Konsulat oder die Botschaft vor Ort helfen dir gerne weiter.

Der Verlust des Reisepasses ist zwar ärgerlich und zwingt dich dazu deine Reise umzuplanen, ist aber nicht weiter schlimm.

Um es dir nochmal zu sagen: Solche Dinge passieren wirklich sehr selten und sollten dich auf keinen Fall davon abhalten in dein Abenteuer zu starten. Denn wie du siehst gibt es aus jeder scheinbar fürchterlichen Situation einen Ausweg. Bleib cool und atme durch, du wirst da schon wieder rauskommen. ☺

## Mentale Einstellung

Gibt es irgendeine mentale Einstellung, die du dir durch das Backpacken aneignest und die dich frohen Mutes jedes Problem als Abenteuer sehen lässt? Hier gehen wir darauf ein, wie du deine Reise auskosten kannst – ohne Angst und Panik.

„Zeit ist Geld" – du kennst dieses Sprichwort. Auf deiner Reise ist es aber komplett kontraproduktiv. Schließlich willst du nicht durch dein Reiseland hetzen, sondern du willst genießen. Witzigerweise erhält das Sprichwort auf der Reise eine andere Bedeutung. Denn bist du langsam und entspannt unterwegs, brauchst du weniger Geld.

Halte dir immer vor Augen, dass es allein dein Urlaub ist, auf denn du dich so lange Zeit gefreut hast. Egal wie hektisch oder chaotisch alles erscheinen mag, denke an folgendes:

Jeder Tag ist ein Geschenk. Du genießt deine Reise in vollen Zügen – auftauchende Schwierigkeiten machen alles nur spannender. Du hast Zeit, denn du nimmst sie dir. Diese Reise ist etwas ganz Besonderes für dich, du bist neugierig, erlebnishungrig, aber auch in der Lage komplett zu entspannen. Du erkennst in jedem Moment die Schönheit und das Außergewöhnliche im scheinbar Gewöhnlichen. Egal was passiert, du kommst mit jeder Situation zurecht.

**Dein Leitspruch lautet „take it easy".**

## Auf der Reise

Du kannst dir deine Zeit komplett einteilen wie du möchtest! Ist dir nach Entspannung? Entspanne am Strand! Du möchtest etwas erkunden? Steige auf den nächsten Gipfel oder ziehe durch die Gassen. Trau dich Ungewöhnliches zu tun und Neues auszuprobieren. Jetzt ist die Zeit dafür. Fülle jeden Tag mit Leben und lass deiner Neugier freien Lauf.

Urteile nicht über die Menschen, sondern beobachte sie, rede mit ihnen, höre dir ihre Geschichte an und lerne. So wirst du am Ende bereichert von deiner Reise zurückkehren.

Schenke dem Jetzt und Hier Aufmerksamkeit und sei nicht geistig abwesend am Handy. Genieße den Augenblick und nimm dich und deine Umgebung intensiv wahr. Gehe unvoreingenommen in den Tag und mache das Beste daraus.

Beschweren sich andere Touristen über die Hitze, freust du dich über die Sonne und dass du baden kannst. Regnet es, werden sich andere darüber beklagen. Du aber freust dich über die Abkühlung und über die touristischen Orte, die nun menschenleer sind. Du beklagst dich nicht in deinem Urlaub, denn deine Zeit ist zu wertvoll. Du machst das Beste aus jeder Situation, denn du bist ein Abenteurer!

Mach auftretende Ereignisse nicht zu Problemen – sie erfordern nur Flexibilität. Und mit deiner Einstellung kannst du ihnen entspannt entgegenblicken.

# Heimweh

Auf deiner Reise werden immer wieder psychische Herausforderungen auftauchen die es zu meistern gilt. Deshalb findest du hier Tipps wie du damit zurechtkommst.

Es gibt sie immer wieder, diese Momente an denen man sich fragt wie es den Freunden und der Familie zu Hause geht. Während früher nur Briefe geschrieben werden konnten, hast du heute das Zaubermittel namens Internet. Vermisst du jemanden, kannst du ihn ganz einfach via Skype oder Whatsapp anrufen, und das ganz kostenlos! Nach einem Gespräch fühlt sich die Welt wieder besser an. Denn auch wenn du tausende Kilometer von zu Hause entfernt bist, so ist deine Stimme wiederum nur wenige Knopfdrücke entfernt.

In Momenten von Heimweh hilft es auch Postkarten zu schreiben und loszuschicken. Das freut die Daheimgebliebenen ebenso wie dich. Da Postkarten mehrere Wochen brauchen verschicke ich sie zu Beginn meiner Reise.

Manchmal hilft es auch einfach wieder heimische Gerichte zu essen oder sich mit jemandem in deiner Landessprache zu unterhalten.

Meiner Erfahrung nach begegnet dir Heimweh, wenn du alleine bist oder nicht zufrieden mit der aktuellen Situation. Oft erlebst du aber so viel, dass du gar nicht dazu kommst das Gefühl wirklich wahrzunehmen. Ändere also das, was dich an der aktuellen Situation stört – unternimm etwas. Mach dir auch klar, warum du

Auf der Reise

diese Reise angetreten bist. Eigentlich war deine Reise doch ziemlich cool und du willst noch etwas vor deiner Heimreise erleben oder? Schließlich ist deine Reisezeit begrenzt und du wirst bald wieder im Kreis deiner Liebsten sein. Genieße also die Zeit!

## Off the beaten track

Das ist die Königsdiziplin des Reisens. Du willst Abenteuer fernab von Menschenmassen erleben? An mystischen Orten sein? Dich fühlen wie ein Entdecker in einem fernen Land? Das wird nicht möglich sein, wenn du das besuchst, was alle anschauen! Du suchst nach wenig bekannten, oder vor kurzem entdeckten Attraktionen. Egal in welches Land du gehst, diese Juwelen existieren. Die Herausforderung ist nur sie zu finden. Und um sie zu finden, brauchst du Zeit.

Gehe dorthin wo nur wenige hingehen. Das heißt auch Abstand von deinem Reiseführer zu nehmen. Besuche kleine Orte und Inseln abseits der Touristenmassen. Frage Einheimische nach wunderbaren, aber wenig bekannten Attraktionen. Reise in der Nebensaison oder gehe zu schwer erreichbaren Orten. Bezahle einen einheimischen Guide der mit dir geht. Das alles sind Möglichkeiten, um das Entdeckergefühl in dir zum Leben zu erwecken!

Natürlich sind die großen, bekannten Attraktionen schön anzusehen und du kannst sie gerne besuchen. Sie sind nicht umsonst überall angepriesen. Aber dort unter vielen Menschen wirst du dieses Gefühl nicht erleben, dass eine menschenleere Ruine oder Naturattraktion auslöst. Probiere es aus und spätestens dann wirst du wissen wovon ich rede. Selbstverständlich kannst du dieses Gefühl auch an bekannteren Attraktionen haben. Stell dir vor wie es hier ursprünglich ausgesehen haben muss. Für mehr Ruhe und ein schöneres Erlebnis empfehle ich dir sehr früh oder sehr spät dorthin zu gehen und weniger erschlossene Teile zu besuchen.

Hier ein Beispiel aus Zentralamerika.

*Exkurs Guatemala:*

*Ich war auf dem Weg nach Tikal, der riesigen, uralten und wiederentdeckten Mayastätte. Am Vortag hatte ich extra die Tour zum Sonnenaufgang gebucht, um den Menschenmassen zu entgehen. Der kleine Aufpreis war mir egal. Auf eigene Faust war es nicht möglich und ratsam in das Gelände zu kommen, daher dachte ich mir durch diese Tour würde ich mit nur wenigen dort sein. Mitten in der Nacht wurden wir mit einem Minivan abgeholt, um dann im Park angekommen, mit Taschenlampen und einem Guide den Weg zu einem besonderen Tempel zu suchen. Von dort aus solle man den schönsten Sonnenaufgang in ganz Guatemala erleben können. Auf dem Weg zur alten Tempelanlage schallten aus dem Regenwald in der Nähe immer wieder seltsame, laute und beunruhigende Laute. Aber schon bald hatten wir die Stufen des Tempels erreicht. Mit Spannung sprintete ich die Stufen hinauf zur Aussichtsplattform der Anlage – wie würde der Ausblick wohl sein? Oben angekommen blieb mein Herz kurz stehen. Vor mir waren ca. 100 andere Menschen auf der Plattform zusammengepfercht! Verdammt – alle wollten hierhin! Ich suchte mir einen der wenigen freien Plätze auf den Stufen und schaute mir den Sonnenaufgang und mit ihm das Erwachen des Dschungels an. Verschiedene Laute kamen aus den Bereichen des Dschungels. Vögel flogen durch den morgendlichen leichten Nebel der sich über Tikal gelegt hatte. Langsam ging die Sonne auf und mit ihr erwachte der Ort zum Leben. Affen, Vögel und viele nicht zuordenbare Tierstimmen begrüßten den Tag. Die ersten Sonnenstrahlen wärmten meine Haut. Es war trotz der Menschen ein schöner Anblick. Leider störten diese ihn ab und an mit Gerede – wie konnte man in so einen magischen Moment etwas anderes tun als ihn zu genießen? Kurz nach Sonnenaufgang sagte der Guide uns, dass wir uns gegen 15 Uhr wieder am Ausgang der Anlage treffen und wir bis dahin alles selbst erkunden können. Gesagt getan. Ich beeilte mich schnell vom Tempel herunterzukommen und ging zu der Hauptanlage bevor die Touristen mit dem Tagesticket eingelassen wurden. Tatsächlich war ich als Erster da. Ein atemberaubendes Gefühl diese alte Mayastätte ohne Menschen zu sehen. Ich streifte in der Anlage umher und als es voller wurde entschied ich mich dazu die unbekannteren Areale zu besuchen. Dort war niemand! Es fühlte sich an als hätte ich gerade diese Ruine entdeckt! Ich ließ meiner Neugier freien Lauf – ging ins Innere der mit Pflanzen bewachsenen Anlage und nahm meine Taschenlampe, um jede der Kammern anzuschauen. Doch schon beim Eintreten sah ich Reflektionen an der Decke. Es waren Augen! Ein Schwarm aufgeschreckter Fledermäuse kam direkt auf mich zu! Ich sprang mit einem Satz nach draußen und warf mich auf den Boden. Hier war wirklich lange Zeit niemand mehr, dachte ich mir. Es war ein besonderes Gefühl. Ich streifte noch durch andere abgelegene Areale und kehrte dann wie ausgemacht gegen 15 Uhr erschöpft, aber glücklich zum Treffpunkt zurück. Dieser Tag war wirklich ein Besonderer und wird unvergesslich bleiben!*

Auf der Reise

Hier ein anderes Beispiel wie du solche Dinge erleben kannst.

*Exkurs Indonesien:*

*Die Insel Gili Trawangan war vor kurzem von heftigen Erdbeben heimgesucht worden. Aufgrund von aktuellen Informationen schien mir die Lage dort aber nun sicher und ich entschied mich dorthin zu fahren. Das Boot dorthin war nur halbvoll, was anscheinend sehr ungewöhnlich war. Die Insel war früher bekannt für ihr Partyleben und die vielen Besucher. Durch das Erdbeben war alles anders. Als ich ankam war die Insel erstaunlich ruhig und leer. Ich schlenderte durch die Straßen zu meiner Unterkunft. Etwa jedes zehnte Haus war eingestürzt oder hatte tiefe Risse. Bei manchen Häusern konnte ich direkt in das Badezimmer oder in die Küche schauen, weil eine Wand komplett fehlte! Die Menschen die ich auf der Straße traf, begrüßten mich freundlich. Schließlich fand ich die Unterkunft, checkte ein und machte anschließend eine Erkundungstour. Auf der Insel waren motorisierte Fahrzeuge verboten, was nochmal eine besondere Ruhe entstehen ließ. Die nächsten Tage verbrachte ich an menschenleeren, malerischen Traumstränden, beim Schnorcheln und bei traumhaften Sonnenuntergängen. Es war wirklich einzigartig und die Menschen waren für alles Geld was ihnen gegeben wurde äußerst dankbar. Diese Reise zu genau diesem Zeitpunkt war etwas Einmaliges und das spürte ich. Es war einfach unvergesslich.*

Wie du sehen kannst gibt es immer die Chance etwas Außergewöhnliches zu erleben, du musst sie nur ergreifen! Fühle auch du dich wie ein Entdecker und wandle auf dem Pfad abseits der Menschenmassen – reise „off the beaten track".

**Tipp:** Spannend ist es mehrere Tage nur mit Guide im Regenwald unterwegs zu sein. Dabei ist alles relativ leicht zu organisieren. Je weiter du in den Regenwald hineingehst, desto weniger Menschen werden dort sein. Der Regenwald ist ein magischer Ort, an dem du der Natur extrem nahe bist und atemberaubende Tiere beobachten kannst. Eventuell baust du dir jede Nacht deine Unterkunft und lauschst den Geräuschen der wilden Tiere. Es wird auf jeden Fall ein Abenteuer! Aber es kann anstrengend werden – das ist also nichts für zimperliche Gesellen! Alternative Möglichkeiten um einzigartige Momente zu erleben sind Trekkingtouren, Wüstenausflüge oder der Besuch entlegener Inseln.

## Mit wenig Geld auskommen

Wie du schon gemerkt hast, gibt es Aktivitäten die ordentlich deinen Geldbeutel belasten und wiederum andere die kostenlos sind. Hier möchte ich dir zeigen, wie du auch mit geringem Budget eine schöne Reise haben kannst.

Einer der teuersten Aktivitäten ist Feiern bzw. Alkohol trinken. Alkohol ist ein Luxusgut und kann dir ein Loch in die Reisekasse reißen, falls du es übertreibst. Meist bleibt es auch nicht bei einem Getränk und es wird ein teurer Abend. Am nächsten Tag kommst du schlecht aus dem Bett und hast einen Kater. So kannst du den Tag nicht wirklich genießen. **Auf Alkohol verzichten**, ist deshalb Spartipp Nr.1.

Jede Reise an einen anderen Ort kostet Geld. Bleibe deshalb möglichst lange an einem Ort und schaue dir dort alles Interessante an bevor du weiterreist. Du wirst zwar nicht so viele Orte sehen, dafür diese Orte umso intensiver. Außerdem wirst du dich nicht so gehetzt fühlen. Vermeide schon bei deiner Reiseplanung weite Entfernungen in kurzer Zeit zurückzulegen. Denn jede weite Strecke kostet nicht nur Geld, sondern auch Zeit. Beispielsweise solltest du lieber eine Insel intensiv erkunden, als Inselhopping zu betreiben. Spartipp Nr. 2 ist also: **Bleibe mehrere Nächte an einem Ort.**

Taxifahrten und Flüge kosten viel Geld. Möchtest du also weitere Strecken zurücklegen, steige auf öffentliche Verkehrsmittel wie Busse um. Bei kürzeren Strecken empfehle ich dir zu Fuß zu gehen.

So sparst du das Geld fürs Taxi, tust etwas für die Figur und entdeckst spannende Ecken. Spartipp Nr. 3: **Gehe viel zu Fuß und steige auf öffentliche Verkehrsmittel um.**

Du hast bestimmt schon gemerkt, dass du für einige Aktivitäten überhaupt kein Geld brauchst, während andere richtig teuer sind. Beispielsweise gehört Tauchen in die letzte Kategorie. Einen Tag am Strand zu verbringen, zu schwimmen oder zu wandern kostet dagegen überhaupt kein Geld. Sieh dir statt Kino mal einen Sonnenuntergang an. Du wirst beeindruckt sein und dich fragen warum du das nicht öfters gemacht hast. Aktivitäten die nichts kosten, können genauso Spaß machen wie teure Aktivitäten. Spartipp Nr.4 lautet: **Ersetze teure Aktivitäten durch kostenlose.**

Ein Kostenfaktor der täglich anfällt ist deine Unterkunft. Auch hier kannst du sparen. Eine Möglichkeit ist es draußen zu übernachten. Das ist vor allem in warmen, trockenen und sicheren Regionen mit Hänge- oder Isomatte leicht möglich. Eine andere Möglichkeit ist Couchsurfing. Hier lernst du auch noch Einheimische kennen und kannst im Gegenzug für die Übernachtung im Haushalt mithelfen. Eine andere Möglichkeit ist es in einem Hostel gegen Kost und Logis mitzuarbeiten. In der Nacht zu reisen ist eine weitere Option. Für längere Strecken gibt es z.B. Nachtbusse. Die Fahrt kostet genauso viel wie tagsüber und du kannst während der Fahrt schlafen. Spartipp Nr. 5: **Übernachte kostenlos.**

Täglich fallen Kosten für deine Verpflegung an. Keine Angst, den Tipp nichts zu essen gebe ich dir nicht. ☺ Du willst ja bei Kräften bleiben. Hast du die Möglichkeit, verzichte auf Restaurantbesuche und gehe lieber in den Supermarkt oder auf den lokalen Markt um dein Essen zu kaufen. Vielleicht hat deine Unterkunft eine Kochgelegenheit die du mitbenutzen kannst? In manchen Ländern findest du auch kostenlose Früchte auf dem Boden oder auf Bäumen. Ich habe beispielsweise guatemaltekische Avocados in einem Park gesammelt und mit meinem Spanischlehrer verspeist. So kannst du jeden Tag ein paar Euro sparen. Spartipp Nr. 6: **Reduziere Restaurantbesuche und kaufe deine Lebensmittel auf dem Markt oder sammle sie gratis.**

Mit diesen Tipps kannst du ordentlich Geld sparen und auch mit einem geringen Budget Abenteuer erleben.

# Ökologie

Ein Kapitel über Ökologie? Will der mich jetzt veräppeln? Ja ich weiß, dein Flug belastet die Umwelt, aber ich denke deine Reise wird dich um so viel bereichern und du wirst die Welt mit anderen Augen sehen. So wirst du noch mehr auf Nachhaltigkeit achten nachdem du erst einmal in einem fremden Land warst.

Stell dir vor du freust dich aus ganzem Herzen auf den Strand, dann kommst du an und der ganze Strand ist mit Müll verdreckt. Plastiktüten, Kronkorken und derlei Dinge. Da sinkt dir das Herz in die Hose und du denkst dir: Wie können Menschen nur so etwas machen? Aber die Wahrheit ist, du hast jeden Tag die Entscheidung, ob du dazu beiträgst die Welt schöner oder schlechter zu machen. Jede Kleinigkeit hat eine Auswirkung. Du denkst vielleicht: Lässt du eine Plastiktüte am Strand liegen, ist es schon nicht so schlimm. Aber was mit der Tüte passiert, kannst du nicht wissen. Liegt sie nur am Strand herum und verschandelt ihn? Oder verfängt sich ein Tier wie eine Schildkröte darin oder isst es sogar und verendet dann qualvoll? Bedenke das in solch einer Situation. Bist du derjenige der die Plastiktüte am Strand liegen lässt oder derjenige der sie ordentlich im Mülleimer entsorgt und so vielleicht ein Leben rettet?

Das gilt nicht nur für Plastiktüten, sondern natürlich für jede Art von Müll, wie Zigarettenstummel oder Verpackungen. Sei ein Vorbild und andere werden es dir nachmachen. So bleibt die Schönheit der Natur erhalten.

Auf der Reise

Bist du richtig motiviert, kannst du jedes Mal sogar fremden Müll entsorgen. Es gibt eine Umweltinitiative deren Leitspruch ist: „take three for the sea". Sie empfiehlt bei jedem Naturaufenthalt drei fremde Müllstücke mitzunehmen und dann ordentlich zu entsorgen. Stell dir vor, das würde jeder machen! Dann wäre die Natur bald Müll frei.

# Die letzten Tage

Du hast spannende Abenteuer hinter dir. Aber der Rückflug rückt näher. Wahrscheinlich geht es dir wie mir und du möchtest am liebsten gar nicht abreisen. Aber denke daran: Zuhause warten deine Freunde und deine Familie auf dich und brennen darauf deine spannenden Geschichten zu hören. Die letzten Wochen waren bestimmt anstrengender für dich als du denkst. Plane deshalb noch ein bisschen Zeit für Entspannung ein. Relaxe am Strand und lass dir nochmal deine Reise durch den Kopf gehen. Schon unglaublich was du alles erlebt hast oder? Das Beste ist: Egal was kommt, diese Erfahrungen kann dir keiner mehr nehmen. Das ist dein persönlicher Schatz, den du mit anderen teilen kannst.

Deine Reise hat dich verändert und du weißt jetzt: Wahre Schätze sind Erfahrungen nicht materielle Güter.

Ich empfehle dir deinen letzten Tag in der Nähe des Flughafens zu verbringen. Das bedeutet in der nächsten Stadt und natürlich nicht 24 h in den Duty-Free-Shops. So bist du schnell am Flughafen und reduzierst das Risiko nicht rechtzeitig anzukommen. Steht dir noch eine 12 Stunden Busfahrt vor deinem Flug bevor, ist es sehr schwer die genaue Ankunft zu planen. Etwas könnte dazwischenkommen, wie z.B. ein Busausfall. Außerdem möchtest du vor deinem Flug möglichst wenig sitzen, das wirst du in der Luft noch genug tun. Genieße also den letzten Tag an einem Ort, von wo aus du leicht und schnell den Flughafen erreichst.

Die letzten Tage sind übrigens die perfekte Zeit, um Souvenirs und Geschenke zu kaufen. Schließlich bist du am Ende deiner Reise angelangt und musst das alles nicht mehr durch die Gegend schleppen. Die lokalen Handwerker und Künstler haben mit Sicherheit wunderschöne Waren anzubieten. Seien es Hängematten, Lampen, Kleidung, Dekoration oder Gemälde. Durchstöbere die lokalen Märkte und Geschäfte nach Mitbringseln und sichere dir das ein oder andere Erinnerungsstück an deine Reise.

Einen Tag bevor du abreist, solltest du nochmal deinen Rückflug checken. Es kann vorkommen, dass er sich um ein paar Stunden verschiebt. Ja ich weiß, dir wäre es egal, wenn du ihn verpasst und deine Reise einfach verlängerst, aber das kostet dich nochmals Geld und deine Lieben zu Hause werden besorgt sein.

Am besten fragst du einen oder mehrere Freunde/Familienmitglieder, ob sie dich gerne am Flughafen empfangen würden. Das verpflichtet dich auch wirklich zu gehen. Nebenbei ist es doch so viel schöner, als einfach alleine aus dem Flieger und in den Zug nach Hause zu steigen. Darum solltest du dich ein paar Tage vor Abflug kümmern, damit der Termin auch eingeplant werden kann.

Plane am Abflugtag so, dass du mindestens zwei Stunden vor Flugbeginn am Flughafen bist. Das verschafft dir genug Zeit in Ruhe einzuchecken, die Sicherheitskontrollen zu passieren und bei Lust und Laune noch die Duty-Free-Shops zu durchstreifen.

*Die letzten Tage*

Nun sitzt du am Gate und dir kommen die letzten Zweifel, ob du wirklich zurückfliegen sollst?

Keine Angst das war bestimmt nicht deine letzte Reise. Wer einmal reist, möchte immer wieder reisen und du wirst deinen Weg finden. Wer nicht Abschied nimmt, kann nichts Neues entdecken. Bald sitzt du wieder gespannt an deiner Reiseplanung bis du dir deinen Rucksack schnappst und es wieder heißt: Auf ins Abenteuer!

## Nach der Reise

Du steigst aus dem Flieger und schwelgst noch in Erinnerungen an deine Abenteuer? Perfekt wenn da jemand auf dich wartet der sie hören möchte!

Bestimmt wirst du erstmal mit dem Jetlag zu kämpfen haben, aber du kennst ja nun die Tricks wie du diesen am besten loswirst.

Zu Hause wirst du mit Sicherheit über deine Reise ausgefragt. Und glaube mir die ersten Male ist es noch schön voller Freude an die Tage zurückzudenken und lebhaft davon zu erzählen. Aber wenn du das 10-mal an einem Abend tust, ist das nicht mehr so spannend. Deshalb mein Ratschlag: Erzähle nur die spannendsten Episoden und erzähle jedem eine andere kleine Geschichte. Beispielsweise berichtest du einmal von einer Bergbesteigung, das nächste Mal von einer Dschungelexpedition und daraufhin von einem Tauchgang. Auf diese Weise bleibt es für alle Beteiligten spannend.

# Nachbereitung

Bist du erstmal zur Ruhe gekommen, solltest du unbedingt deine Reisebilder auf einer Festplatte sichern, sortieren und deine Favoriten nochmals in einem anderen Ordner abspeichern. Möchte jemand gerne deine Fotos anschauen, zeigst du ihm deine Favoriten. Komm nicht auf die Idee alle unsortierten Bilder zu zeigen, das dauert Stunden! Glaub mir ich spreche aus Erfahrung. ☺

Sehr schön ist es, wenn du aus deinen Favoriten ein Fotoalbum erstellst. Das ist schnell mal vorgezeigt und sieht einfach besser aus als ein Computerordner.

Überlege auch, ob du nach deiner Rückkehr nicht einen kleinen Vortrag im Kreise deiner Freunde und Familie halten möchtest. So kannst du allen gleichzeitig von deinem Abenteuer berichten und hast sogar Bilder als Untermalung deiner Geschichte.

Solltest du auf deiner Reise etwas in deinem Gepäck vermisst haben, ist nun der Zeitpunkt es dir zu notieren. So wirst du nächstes Mal noch besser ausgestattet sein.

Wenn langsam wieder Ruhe eingekehrt ist und dich das Fernweh packt, denk daran – nach der Reise ist vor der Reise.

Wohin willst du als nächstes? Gut – auf zur Planung und dann: Auf ins Abenteuer!

## Nutze die Chance

Wie du bestimmt gemerkt hast, ist es schwer wieder in einen geregelten Alltag hineinzukommen. Doch das kannst du zu deinem Vorteil nutzen. Wie? Ganz einfach, jetzt ist deine Chance mit schlechten Gewohnheiten zu brechen. Du hast früher stundenlang wie ein Zombie soziale Medien gecheckt? Du hast dich täglich vom Fernseher beschallen lassen? Du hast aus Gewohnheit immer geraucht? Wie du schon gemerkt hast, war all das auf deiner Reise Vergangenheit. Du warst außerhalb deiner täglichen Routine. Du hast dort viel bewusster gelebt hast. War die Zeit so nicht viel intensiver? Aktiv seine Zeit zu gestalten, anstatt nur passiv zuzusehen wie andere leben? Jetzt kannst du deine Gewohnheiten hinterfragen, du bist nicht mehr im Alltagstrott gefangen. Du willst sportlicher werden? Hast aber früher direkt nachdem du von der Arbeit/ Schule/ Uni heimgekommen bist, den Fernseher angeschaltet? Dann hast du jetzt die Möglichkeit die Fernsehzeit gegen Sport zu tauschen. Es wird dir nie mehr so leicht fallen wie jetzt, da du außerhalb deiner Routine bist. Ändere jetzt deine schlechten Gewohnheiten. Das ist mein persönlicher Geheimtipp für dich, so wächst du nicht nur während der Reise, sondern auch nach der Reise über dein altes Ich hinaus.

Genieße nun erstmal die Zeit im Kreis deiner Liebsten und wenn dich das Fernweh einholt, schnappe dir voller Vorfreude dieses Buch und beginne deine Reise zu planen. Denn es heißt dann endlich wieder für dich: Backpacking auf ins Abenteuer!

# Danksagung

Viele Ideen werden wegen Zweifeln nie umgesetzt. Ich danke deshalb ganz ausdrücklich meiner Mutter, sowie meiner Freundin Luisa für die Unterstützung auf diesem Weg ins Ungewisse. Vielen Dank auch an Nele und Isa für die Korrekturen und Denkanstöße. Darüber hinaus danke ich allen meinen Weggefährten für die vielen Abenteuer und unvergesslichen Momente auf unseren Reisen.

Ich danke auch insbesondere dir, lieber Leser, für deine Unterstützung. Hat dieses Buch dir weitergeholfen, freue ich mich sehr über eine Bewertung von dir. Mögest du viele Abenteuer erleben und stets wieder heil zurückkehren.

# Nützliche Links

Hier findest du eine Übersicht über die Links in diesem Buch.

## Meine Website

www.backpacking-auf-ins-abenteuer.de

## Reiseland Infos

www.priceoftravel.com

www.auswaertiges-amt.de

www.triffdiewelt.de/anleitung-visum-beantragen

www.beste-reisezeit.org

www.welt-steckdosen.de

## Flüge

www.momondo.de

www.kiwi.com

www.skyscanner.de

www.kayak.de

www.flightcomp.de

www.hand-gepaeck.de/masse-und-gewicht

## Speicherdienste

www.dropbox.com

## Fortbewegung

www.check24.de

www.blablacar.de

## Unterkünfte

www.booking.com

www.airbnb.de

www.hostelworld.de

www.couchsurfing.com

## Weitere Informationen

www.pinkcompass.de

www.zoll.de

www.dvka.de/de/versicherte/touristen/touristen.html

Printed in Poland
by Amazon Fulfillment
Poland Sp. z o.o., Wrocław